무작정 벌지 않고 전략적으로 부자되는 법

그래서 똑똑한 부자는 뭐가 다른데?

스티브 애드콕 지음

김광수 옮김

MILLIONAIRE HABITS: HOW TO ACHIEVE FINANCIAL INDEPENDENCE, RETIRE EARLY,
AND MAKE A DIFFERENCE BY FOCUSING ON YOURSELF FIRST
Copyright ⓒ 2024 by Steve Adcock.
All Rights Reserved. This translation published under license with the original publihser
John Wiley & Sons, Inc.

Korean translation copyright ⓒ 2025 by HAUM
This translation published under license with John Wiley & Sons, Inc.
through EYA Co., Ltd.

이 책의 한국어 판 저작권은 EYA Co., Ltd 를 통한
John Wiley & Sons, Inc. 사와의 독점계약으로
(주)하움출판사가 소유합니다.
저작권법에 의하여 한국 내에서 보호를 받는 저작물이므로
무단 전재 및 복제를 금합니다.

그래서 똑똑한 부자는 뭐가 다른데?

무작정 벌지 않고 전략적으로 부자되는 법

오픈도어북스는 (주)하움출판사의 임프린트 브랜드입니다.

초판 1쇄 발행 25년 07월 30일

지은이 | 스티브 애드콕
옮긴이 | 김광수

발행인 | 문현광
책임 편집 | 이건민
교정·교열 | 신선미 주현강 남상묵 황윤
디자인 | 양보람
마케팅 | 박현서 김다현
업무지원 | 이창민

펴낸곳 | (주)하움출판사
본사 | 전북 군산시 수송로315, 3층 하움출판사
지사 | 광주광역시 북구 첨단연신로 261 (신용동) 광해빌딩 6층 601호, 602호
ISBN | 979-11-7374-101-2(03320)
정가 | 16,900원

이 책의 전부 또는 일부 내용을 재사용하려면 사전에 저작권사
(주)하움출판사의 동의를 받아야 합니다.
오픈도어북스는 참신한 아이디어와 지혜를 세상에 전달하려고 합니다.
아이디어와 원고가 있으신 분은 연락처와 함께 open150@naver.com으로 보내 주세요.

무작정 벌지 않고 전략적으로 부자 되는 법

그래서 **똑똑한** **부자**는 뭐가 다른데

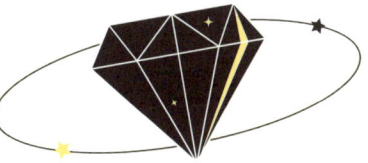

Steve Adcock 지음
김광수 옮김

차례

여는 글   돈의 흐름을 '현실적으로' 주도하기   10

안내의 글   16

제1부   똑똑한 부자의 원칙

제1장 | 다가오는 기회를 잡는다   30
　기회라면 모두 받아들여야 하는가?   38

제2장 | 현명한 이기주의자로 살아남는다   41
　'잘 보이기 위한' 소비는 금물이다   44
　건강은 부와 행복의 연료?   47
　커리어와 삶의 질을 일치시키자   53

제3장 | 자기만의 차별점 만들기   **64**

   몸값을 올리자   67
   본업만으로 부족하다면?   69
   연봉 협상은 용의주도하게   78

제4장 | '나'를 위해 현재를 투자하기   **85**

   '나를 위한 지출'의 진정한 의미   87
   때로는 지출도 현명한 선택이다   93

제5장 | 확실한 시스템 설계하기   **96**

   모든 지출을 가시화하라   99
   소비 패턴을 파악하라   100

제6장 | 돈의 무한한 확장성 이해하기   **105**

   주식   109
   채권   110
   인덱스 펀드   111
   퇴직연금 펀드   113
   상장지수 펀드   114

뮤추얼 펀드　　　　　　　　　　　　　　115
부동산　　　　　　　　　　　　　　　　116
일반 퇴직연금　　　　　　　　　　　　119
로스 개인퇴직계좌　　　　　　　　　　121
건강저축계좌　　　　　　　　　　　　122
암호화폐　　　　　　　　　　　　　　123
능동적 투자 VS 수동적 투자　　　　　　125
한탕주의를 버려라　　　　　　　　　　128
쉽지만 강력한 주식 분할 매수　　　　　130
하락장에도 반드시 봄은 온다　　　　　132

제7장 | 재정적 변수에 대비하기　　135

여유 금액을 설정하라　　　　　　　　137
비상금은 투자가 아니다　　　　　　　141
우리의 지갑을 노리는 비상 상황　　　143

제8장 | 부자의 품격 갖추기　　146

순간의 선택이 평생을 좌우한다　　　149
행운을 부르는 부자들의 철칙　　　　152

제9장 | 선 넘는 지출 절제하기 173

수입과 재산은 비례하지 않는다 174

지출 체계부터 바로잡아라 176

저렴함과 알뜰함의 차이 186

자제력을 믿지 말라 188

제10장 | 불필요한 요소는 차단하기 191

좋은 부채와 나쁜 부채? 193

장애물에서 벗어나기 200

당신의 재정적 목표는 무엇인가? 207

제2부   부의 축적을 넘어

제11장 | 부의 공식   220
　　당신의 목표를 예측하는 계산법   222
　　재정적 자립은 영원하지 않다   227

제12장 | 건강에서 내 돈 지키는 법   229
　　보험 없이는 절약도 없다   235

제13장 | 당신만의 재정 목표 완성하기   237
　　일반형   238
　　절약형   239
　　소비형   239
　　잠재형   240
　　바리스타형   241
　　혼합형   242

제14장 | 부정적인 인식을 버려라   244
　　"은퇴하면 더 이상 사회에 기여할 수 없잖아요."   245
　　"일찍 은퇴하면 심심하지 않을까요?"   246
　　"돈을 번다고요? 그럼 은퇴한 게 아니잖아요."   247

"잘못되면 원래 하던 일로 돌아갈 수도 없잖아요." 248
"지금 시장 상황에서 당신의 돈이 계속 남아 있을까요?" 249
"그동안 공들인 시간을 모두 허비한 꼴이잖아요!" 251

제15장 | 목적이 있는 삶을 계획하라 253

무엇을 위해 일찍 은퇴하려는가? 256

제16장 | 부의 전략을 생활화하라 259

돈을 현명하게 다스려라 260
열정에 당신을 태우지 말라 267
'돈에 대한 논의'는 필수다 273

닫는 글   시작이 있어야 결과도 있다 278

여는 글

돈의 흐름을 '현실적으로' 주도하기

핑계를 대며 부자가 된 사람은 아무도 없다. 나와 당신을 포함한 모두가 그러할 것이다. 핑계로 재산을 축적할 수는 없다. 그럴 수 있다면, 부자가 되지 못할 사람이 어디 있겠는가? 핑계란 끝이 없는 법이다.

"시간이 없었어요."
"제가 그렇게 똑똑하지는 않아서요."
"집안이 넉넉하지 않아서…."

이제부터 내가 할 말에 귀 기울이기 바란다. 지금 나는 이 책에서 모든 일이 잘 풀릴 거라는 말을 하려는 의도는 없다. 또한 자신을 믿고 모닥불 앞에서 간절히 기도하면 크나큰 기적이 일어날 것이라 말하려는 것도 아니다.

인생은 그런 식으로 굴러가지 않는다. 물론 자신에 대한 믿음은 중요하다. 다만 그 믿음을 바탕으로 행동이 뒤따를 때 비로소 부자와 같은 대단한 결과를 이룰 수 있다. 실천 없이 바라기만 하는 것은 그저 소망일 뿐이다. 바라기만 한다고 부자가 되지는 않는다.

나는 이 책을 통해 앞의 세 가지 핑계에 다음과 같이 간단히 답하고자 한다.

"시간 있었잖아요?"
"그렇게 자신 없으세요?"
"그게 뭐 어때서요?"

하루는 누구에게나 공평하게 24시간이다. 시간이 충분하거나, 똑똑하거나 부유한 가정에서 자란 것은 그리 중요하지 않다. 이들은 그저 핑계일 뿐이다. 유산이나 부유한 부모가 없어도, 학업 성적이 좋지 못해도 부자가 된 사람은 헤아릴 수 없이 많다. 당신도 그러한 사람이 되지 말라는 법은 없다.

나는 성장 과정에서 학습 장애로 어려움을 겪었다. 내가 속한 학군에서는 내가 다른 학생에 비해 배우는 속도가 느리다는 이유로 나에게 '학습 장애아'라는 애정 어린 딱지를 붙였다. 그리고 중학생 시절 내내 '기초반'에서 공부할 것을 강요받았다. 기초반에서는 등교하여 '실질적인' 수업을 듣는 대신, 숙제를 해결할 여유 시간과 도움만 줄 뿐이었다. 한마디로 기초반은 학교의 모든 '장애아'를 한데 모아둔 곳이었다.

내가 공부에 어려움을 겪었던 이유는 그저 학습 방식이 남들과 달랐기 때문이었다. 특히 수학 시간에는 개념을 이해하는 데 많은 시간이 필요했다. 다른 학생들이 단번에 알아들을 법한 개념도 나에게는 어려웠다. 게다가 나는 모든 과목에서 우수한 성적을 받는 학생도 아니었다. 과학 성적은 뛰어났지만, 나머지 과목은 중위권에서 만족해야 했다. 하지만 고등학교를 졸업할 때는 꽤 괜찮은 성적을 거두었다.

그러나 지금까지 말한 것들은 하나도 중요하지 않다. 아내 코트니와 나는 고등학교를 수석으로 졸업하여 명문대학에 진학하지 않고도 30대 초에 부자가 되었다. 물론 유산을 물려받지도, 사업을 시작하지도 않았다. 우리도 남들처럼 아침 9시부터 오후 5시까지 정규직으로 일했고, 저축과 투자로 돈을 모았다.

한 번 더 강조하건대, 나는 재능을 타고난 학생이 아니었다. 따라서 나는 어린 시절 내내 똑똑하다는 생각을 한 적이 없었다. 그런데도 나는 가능하리라고 생각지 못했던 삶을 이루었다. 이에 당신도 그렇게 될 수 있을 것이라 주장하는 바이다. 산업화 시대에서 살아가는 사람은 많은 것을 이루어 낼 수 있다.

우리의 이야기에는 마법 같은 기적도 없다. 순식간에 부자가 될 수 있는 꿀팁이 있는 것도 아니다. 내가 재산을 늘리기 위해 한 일은 누구나 할 수 있는 것이었다. 다만 그 출발점은 돈과 성공을 이루어 내는 반복적인 습관을 만들어 내는 것이다. 부자는 대부분 돈을 좇아가지 않는다. 오히려 돈을 끌어당긴다.

우리는 고소득자였기에 30대에 은퇴할 수 있었지만, 모두가 그럴 수는 없다. 하지만 당신의 은퇴 연령을 우리와 비교하지는 않길 바란다. 나이는 중요치 않다.

대신 이 책의 내용을 받아들이고, 이를 당신의 삶 속에서 실천함으로써 당신만의 방식으로 은퇴를 이루기 바란다. 55세에 은퇴하더라도 괜찮다. 나는 일이 좋아 은퇴하기 싫어하는 사람도 많이 만났다. 정말 멋진 사람들이지 않은가. '당신이 원하는 대로!', 이것이 곧 당신의 목표다.

이 책에서는 똑똑한 부자의 원칙을 다룬다. 그렇다면 부자의 원칙은 대체 무엇이며, 어떻게 작동하는지, 당신의 삶에서 그 습관을 어떻게 적용할까를 여러 장에 걸쳐 설명한다. 제1부에서는 각 장의 끝부분에 장마다 설명한 내용을 실천할 수 있도록 구체적인 행동 절차를 소개한다. 이는 가장 중요한 부분이니 반드시 읽어 보기 바란다.

무엇보다 이 책에서 제시하는 습관을 실천하기 위해 많은 돈을 벌어야 하는 것은 아니다. 당신의 가족 중 가장 먼저 부자가 되겠다는 열의와 갈망만으로도 충분하다. 다만 간곡하게 당부할 것이 있다. 바로 이기적인 사람으로 보일까 걱정할 필요는 없다는 것이다. 물론 부자는 이기적이지만, 이는 당신이 생각하는 바와는 다르다.

부자는 자신 외에 누구에게도 자기 가족을 부양할 의무가 없음을 잘 알고 있다. 당신도 그 사실을 이해해야 한다. 그리고 가장 먼저 자신을 우선시해야 한다. 이는 부자가 되기 위해 당신이 반드시 해야 할 일에 해당한다.

또한 이기주의가 왜 좋은 것인지 어리둥절하더라도 염려할 필요는 없다. 건전한 이기주의가 어떻게 막대한 재산을 형성하는 핵심 요소인지는 제2장에서 자세히 설명하도록 하겠다. 당장은 당신과 가족에게 경제적으로 안정적인 미래를 만드는 결정적 요인이 바로 건전한 이기주의란 점만 이해하기 바란다.

내일의 자유를 펼치며

우리의 이야기는 조금 특이하다. 사무실에 첫발을 내딛는 순간부터 나는 '정규직'과 잘 맞지 않음을 깨달았다. 그때는 아무것도 제대로 파악하지 못해 갈 길이 멀었지만, 45년 동안의 직장생활은 내 길이 아니라는 것만큼은 알았다.

이 책에서는 우리가 30대라는 이른 나이에 어떻게 재정적 자립이라는 목표를 이룰 수 있었는지를 자세하게 설명하고자 한다. 그리고 지금, 우리 부부는 집을 매각하고 에어스트림 RV[01]로 미국 전역을 돌아다니고 있다는 것만 기억하기를 바란다.

지난 3년 동안 18㎡ 남짓의 트레일러가 우리의 유일한 집이었다. 너무 좁지 않을까 싶겠지만, 사실 맞는 말이다. 거기에 지금은 강아지 두 마리까지 함께 살게 되었으니, 우리의 은퇴 후 생활이 어땠을지는 충분히 짐작할 수 있을 것이다.

그래도 3년 동안은 정말 재미있었다. 우리는 미국의 놀라운 곳을 수없이 둘러보았다. 산림지대를 걷기도 하고, 국립공원도 가 보았다. 그중 당신은 유타주의 국립공원에 가 본 적이 있는가? 그리고 와인과 주류 양조장 등 여러 곳을 다니며 시간을 보냈다. 그동안 즐거웠지만, 그 뒤부터는 우리만의 작은 땅에 정착하고픈 마음이 생기기 시작했다.

그렇게 2019년에 애리조나주 남부 사막지대에서 약 28,328㎡ 면적의 땅을 샀다. 현재 우리 집은 완전한 독립형 주택이다. 나는 우리 집에 '불황에도 끄떡없는 자급자족형 주택(off-grid recession-proof house)'이라는 애칭

---

01 에어스트림(Airstream)은 미국의 캠핑카 브랜드이며, RV는 'Recreational Vehicle', 즉 레저스포츠나 여행에 적합한 차량을 뜻한다.

을 붙였다. 2023년의 경제 상황을 고려한다면 아주 정확한 표현인 것 같다.

　내 이야기는 이상으로 충분할 듯하다. 이제 이 책이 당신의 삶을 어떻게 바꿀지, 그리고 우리처럼 당신의 꿈이 무엇이든, 그 꿈을 좇을 수 있도록 도울 방법을 함께 살펴보도록 하겠다.

안내의 글

　이 책은 크게 2부로 구성된다. 따라서 책의 내용을 순서대로 읽기를 권장하는 바이다.
　제1부에서는 똑똑한 부자의 원칙에 따른 재산 형성 타임라인을 구체적으로 설명한다. 전자는 직장 안팎에서의 행동 전반에 대한 초석이다. 부자는 그 원칙을 실천하여 돈을 불러오는 경력을 쌓는다. 그리고 그들은 아침에 일어나 새로운 하루를 시작하는 것조차 기다리기 어려울 만큼 무척 만족스럽게 생활한다.
　제2부에서는 재산 형성의 목적을 달성한 이후의 전략을 탐구한다. 누구나 이 책에서 소개하는 부자의 원칙을 실천하며, 한동안 열심히 일하다가 30~40대에 은퇴할 수 있다. 이에 우리가 바로 그 사례가 될 수 있음을 유념하기 바란다.

이상의 전략이 모두에게 해당하지는 않겠지만, 당신의 삶에 아주 큰 풍요로움을 안겨줄 수 있다는 점을 기억했으면 한다. 물론 조기 은퇴를 원하지 않더라도 좋다. 그렇다고 해서 이 부분을 건너뛰지 말라. 경제적으로 자유로워지는 것은 여전히 중요한 목표이며, 그 목표에 도달했을 때 당신의 인생에 놓인 선택권이 얼마나 다양한지를 알게 된다면 깜짝 놀랄 것이다.

당신의 낡은 습관을 버리고, 당장 돈에 대한 특별한 생각이 없더라도 부를 끌어당길 준비가 되었는가? 그렇다면 이 책을 계속해서 읽기를 바란다. 이 책이 당신에게 적합한 도움을 줄 것이다.

제1부
똑똑한 부자의 원칙

로마와 마찬가지로 재산 또한 하루아침에 쌓이지 않는다. 똑똑한 부자의 원칙을 본격적으로 살펴보기 전에 다수가 따르는 재산 형성 과정부터 살펴보자. 나를 포함하여 모든 부자가 그 과정을 정확히 따른다.

각 단계를 통과하는 속도는 사람마다 다를 수 있지만, 이 기본적인 단계 중 어느 하나라도 건너뛰기는 거의 불가능하다. 안타깝게도 평생을 노력하고도 마지막 단계에 도달하지 못하는 사람도 있다. 하지만 이 책은 당신이 그러한 사람이 되지 않도록 지켜줄 것이다.

나는 이상에서 언급한 과정을 '재산 형성 타임라인(Wealth-building Timeline)'이라고 부른다. 이 과정은 본업과 부업(side hustle)[02]으로 수입을 얻는 것에서 시작한다. 그리고 여생 동안 더는 일할 필요가 없을 정도의 재정적 자립에 도달하는 것으로 끝맺는다. 물론 계속 일하고 싶어 하는 사람도 있기

---

[02] 본업 외에 자신이 원하는 일에서 수입을 얻는 부가적 활동으로, 돈을 버는 것이 목적인 'side job'과 약간의 차이가 있다.

는 하지만 말이다.

아침마다 끔찍한 알람 소리를 듣지 않고 느긋하게 일어나 그날 할 일을 바로 그 자리에서 정할 수 있다면 어떨까? 이것이 바로 재정적 자립의 의미이다. 재정적 자립을 얻으면 모든 선택권이 당신에게 주어진다. 당신의 삶을 모두 완벽하게 조율할 수 있다.

이 과정은 사람에 따라 수십 년, 또는 4~5년이 걸리기도 한다. 하지만 극소수의 예외를 제외하면, 이는 우리가 모두 거치는 축적 과정이다. 재산 형성 과정을 도식화하면 다음과 같이 여섯 가지로 나뉜다.

1단계: 본업과 부업으로 수익 창출하기

2단계: 3~6개월분 비상금 확보하기

3단계: 가치상승 자산에 투자하기

4단계: 저축과 투자 자동화하기

5단계: 사치성 소비(lifestyle creep)를 자가진단으로 절제하기

6단계: 재정적 자립에 도달하기

지금부터 타임라인의 각 단계에서 일어나는 일을 살펴보도록 하자.

1단계: 본업과 부업으로 수익 창출하기

마법은 1단계에서부터 시작된다. 즉 수익 창출은 재산 축적의 출발점이다. 생각보다 훨씬 드문 일이겠지만, 어마어마한 유산을 물려받은 행운의 수혜자가 아니라면 수입 없이 재산을 축적하기란 거의 불가능하다. 수입이 늘어날수록 재산을 형성할 가능성도 커지지만, 동시에 지출이 늘어나기도 쉽다. 이는 후반부에서 다루도록 하겠다.

사람들은 대부분 정규직으로 일하며 수입을 얻는다. 이렇게 일하면서 일반적으로 부업이라고 하는 또 다른 일을 시작한다면 수입을 늘리는 속도를 올릴 수 있다. 예를 들면 웹사이트 디자인, 반려견 산책, 주말 조경 작업 서비스 등으로 약간의 부수입을 얻을 수 있다. 이에 수입을 극대화하는 구체적인 아이디어는 제3장에서 자세하게 설명할 것이다. 출처가 어떻든 수입이 늘어날 때마다 재정적 자립에 한 걸음 더 가까워질 수 있다.

높은 급여도 좋지만, 재정적 자립을 이루기 위해 반드시 고액의 급여를 받아야 하는 것은 아니다. 단지 급여가 많으면 6단계에 도달하는 시간이 짧아질 뿐이다. 재산 형성은 경주가 아니라 과정이라는 점을 잊지 말자.

2단계: 비상금 3~6개월분 확보하기

비상금은 뜻밖의 지출에 대비하여 남겨 둔 여분의 돈을 말한다. 당신은 투자, 특히 필수적이지 않은 것에 지출하기 전에 반드시 비상금을 확보해야 한다.

최소 3개월분의 생계비를 비상금으로 확보하고 있다면 갑작스러운 실직이나 집수리 등 현금이 필요한 경제적 비상 상황을 견뎌 낼 수 있다. 경제 '전문가'는 대부분 3개월분을 권장하지만, 나는 조금 더 안전한 6개월분을 선호한다. 당신의 위험 허용도(Risk Tolerance)와 맞벌이 여부 등에 따라 3개월분과 6개월분 중에서 선택하면 된다. 비상금을 얼마나 확보해야 하는가는 제7장에서 자세하게 설명하겠다.

한편 생계비란 매달 지출하는 제반 비용을 말한다. 생계비의 세부 항목은 다음과 같다.

- 임차료, 담보대출 상환액
- 공과금(전기, 수도 등)
- 식비
- 보험료(건강 보험, 자동차 보험)
- 통신요금
- 청소기 등 가정용품

위와 같이 한 달 동안 발생하는 전체 지출은 생계비의 일부에 해당한다. 예를 들어 한 달에 5,000달러를 지출하는 가정에서 3~6개월 치 생계비를 모으면 15,000~30,000달러에 이른다.

누군가는 내게 "그런데 스티브, 그 정도의 돈을 모으기에는 너무 많아요. 나는 그 언저리까지도 모아본 적이 없다고요!"라고 볼멘소리를 할지도 모르겠다. 하지만 상관없다. 3~6개월은 목표일 뿐, 도달하기까지는 시간이 필요하다.

이 책의 후반부에서 당신의 첫 비상금을 모으는 방법을 자세하게 알려 줄 것이다. 비상금을 이미 확보했더라도 이 방법을 통해 그 액수를 크게 늘릴 수 있을 것이다. 이러한 비상금 모으기는 앞으로 설명할 자동화 기법을 이용하면 매우 쉬워진다. 방법도 의외로 정말 간단하니 나를 믿어도 된다. 비상금에 대해서, 그리고 첫 비상금을 확보하는 방법은 제7장에서 자세하게 다루도록 하겠다.

3단계: 가치상승 자산에 투자하기

저축만으로 부자가 된 사람은 없다. 부를 축적하는 방법은 바로 투자에 있다. 투자는 항상 위험과 결부되지만, 가치상승 자산에 장기적으로 투자하는 것이야말로 재정적 자립을 성취하는 데 충분한 재산을 형성하는 길이다. 장기 투자의 사례는 다음과 같다.

- 주식(Stock)
- 일반 퇴직연금(Traditional 401(k)) 및 로스 개인퇴직계좌(Roth Individual Retirement Account, Roth IRA)
- 부동산(Real Estate, 건물과 토지 및 주택)
- 인덱스 펀드(Index fund, 지수 펀드), 뮤추얼 펀드(Mutual fund, 상호 펀드), 상장지수 펀드(Exchange Traded Fund, ETF) 등
- 금, 은 등 귀금속
- 미술품, 골동품, 희귀 동전 같은 수집품

부자가 재산을 형성하기 위해 장기적으로 이용하는 가장 흔한 수단 중 하나가 바로 주식시장이다. 그들은 대부분 급여를 받을 때마다 그 일부를 주식

시장에 투자한다. 그중 많은 이들이 20~30년, 또는 그 이상의 기간에 걸쳐 주가의 꾸준한 성장으로 보상받는다. 이를 '주식 분할 매수(Dollar-Cost Averaging, DCA)'[03]라고 한다. 이 투자 기법은 제6장에서 자세하게 설명하겠다.

4단계: 저축과 투자 자동화하기

자동화는 재산을 축적하는 과정에서의 엄격함이나 추측을 배제하는 비결이다. 가령 신차의 모든 나사를 조일 때, 조립 라인의 구성이 사람인가, 기계인가의 차이와 같다. 이처럼 자동화는 쉽고 반복적이며, 일관적이다.

자동화란 연산 루틴(computing routine)을 통해 사람을 대신하여 정해진 간격으로 투자를 실행하는 것을 말한다. 이처럼 루틴을 설정하면 우리가 직접 개입하지 않아도 스스로 알아서 작동한다. 따라서 우리는 손가락 하나 까딱할 필요도 없다.

자동화를 설정해 두면 은행 계좌 간 저축과 투자, 이체 등을 일일이 기억할 필요가 없으므로 1단계부터 3단계까지의 절차가 더욱 수월해진다. 설정한 대로 실행하기 때문이다. 자동화의 사례는 다음과 같다.

- 직원 급여의 일정 비율을 퇴직연금이나 로스 개인퇴직계좌에 자동으로 이체하는 고용주 급여 관리 시스템
- 휴대전화, TV, 스트리밍 서비스, 공과금 등 비교적 일정한 월별 청구서를 자동으로 납부하는 청구서 납부 시스템
- 매달 당좌예금 계좌에서 별도의 저축예금으로 현금을 이체함으로써 저축을

---

03   일정 기간 정기적으로 분산 투자하여 자산을 구매하여 매입 평균 단가를 낮추는 투자 방법이다. 이러한 특징에 따라 '매입 원가 평균법'이라고도 한다.

돕는 가계관리 앱

그 외에 재무 자동화를 간단하게 설정하는 방법은 제5장에서 소개하고자 한다.

5단계: 사치성 소비 절제하기

이 단계는 간단해 보여도 의외로 대부분이 가장 어려워한다. 사치성 소비란 수입이 늘어날 때 지출도 덩달아 늘어나면서 생활에도 거품이 끼는 현상을 말한다. 이는 '생활 방식의 인플레이션(lifestyle inflation)'이라고도 하며, 많은 사람의 고민거리이기도 하다. 나도 20대 시절, 사치성 소비를 크게 경험한 적이 있다.

사치성 소비의 문제는 수입에 따라 생활 방식을 유지하는 비용이 팽창하면서 늘어나는 지출로 재산을 모으기가 더 어려워지는 데 있다. 늘 하는 말이지만, 잘못된 지출 습관을 고치기란 무척 어렵다.

물론 화려한 차를 타고 넓은 집에서 살며 값비싼 장신구와 옷으로 치장한 고소득자도 있지만, 눈에 보이는 게 전부가 아니다. 이러한 부자 가운데 상당수는 실제로 부채를 떠안고 있다. 고소득자임에도 과도한 지출을 선택한 탓에 재산을 형성할 여력이 없기 때문이다. 이 단계가 생각보다 어려운 이유도 바로 여기에 있다.

우리는 돈을 벌기 위해 열심히 일한다. 합당한 수준으로 수입이 늘어나면, 그동안 고생한 자신을 격려하기 위해 조금이나마 지출하는 방식으로 보상하려 한다. 오랫동안 열심히 일했는데, 당연히 대가가 따라야 하지 않겠는가? 수입이 늘어도 이를 몽땅 저축한 채 아무것도 즐기지 못한다면 너무 재미없는 인생이 아닌가. 사실 그렇다. 재미없는 게 맞다.

이 단계에서는 행복을 희생하면서까지 구두쇠가 되라는 것이 아니다. 물론 열심히 일하여 훌륭한 성과를 거둔 자신에게 보상하기 위한 지출은 바람직하다. 그러나 부자가 되고 싶다면 앞선 바와 같은 보상적 소비의 일상화를 용납해서는 안 된다. 늘어난 수입을 죄다 지출한다면 부자가 되기는커녕 집안에 애물단지만 잔뜩 쌓일 뿐이다.

지출을 절제하는 일은 재산 형성 과정에서 부자가 자주 거론하지 않으려 하는 불편한 부분에 속한다. 하지만 나는 당신과 가족이 부와 즐거움을 동시에 얻도록 삶의 균형을 유지하는 방법을 제9장에서 제시할 것이다.

6단계: 재정적 자립

여기까지 도달한 것을 미리 축하한다. 당신은 목표를 이루기 위해 열심히 노력한 결과, 마침내 일하지 않아도 될 만큼 충분한 재산을 축적한 단계에 이르렀다. 물론 이 단계에 있더라도 계속해서 일하고 싶어 하는 사람도 있을 것이다.

그러나 착각과 방심은 금물이다. 씀씀이가 헤퍼지면 재정적 자립과 금세 멀어질 수도 있다. 그렇다면 재정적 자립 단계에 이르렀음을 어떻게 판단할 수 있을까?

제2부에서는 다수의 부자가 재정적 자립에 도달한 시기 또는 그것에 이르기까지 얼마나 남았는가를 계산하는 데 사용하는 공식을 설명한다. 이는 생각보다 간단하다. 부의 공식은 재정적 자립을 향한 우리의 여정을 지배하며, 이를 제대로 이해할수록 여정의 속도는 더욱 빨라진다.

이어지는 장에서는 행복을 희생하지 않고도 각 단계를 최대한 빨리 통과

할 수 있도록 당신을 도와줄 재산 형성의 타임라인을 살펴보고자 한다. 준비는 되었는가?

제1장

다가오는 기회를 잡는다

> 10%의 시간은 안전지대에,
> 90%는 안전지대를 확장하는 데 사용하라.

　서른이 된 해의 어느 날, 나는 전무이사의 집무실로 불려갔던 적이 있었다. 전화를 받는 순간부터 여러 가지 생각이 머릿속을 휘젓기 시작했다. 당시 나는 소프트웨어 엔지니어였는데, 벤이라는 이름의 전무이사가 나를 만나자고 한 이유가 무엇인지 궁금했다.

　벤은 크게 성공한 사람이었고, 늘 비싼 정장을 입고 출근했다. 게다가 그는 돈도 많이 버는 데다 크고 고급스러운 개인 집무실까지 있었다. 하지만 나는 그런 그와 지금껏 한 번도 마주친 적이 없었다. 도대체 왜일까? 나는 혼잣말로 "느낌이 좋지 않아."라고 중얼거렸다.

　심지어 그날은 금요일이었다. 어디선가 읽은 바로는 직원을 해고하는 날이 주로 금요일이라고 했다. 나는 집무실에 들어서면서도 최악의 상황을 우려했다.

그 자리에 참석한 사람들을 확인한 뒤에도 마음이 놓이지 않았다. 바로 인사부 직원들이 앉아 있었으니 말이다. 나를 해고하지 않을 거라면 인사부 사람들이 왜 이 방까지 왔겠는가?

나는 자리에 앉아 초조하게 기다렸다. 두려움이 뇌리에 엄습했다. 이윽고 벤이 입을 열었고, 나는 다시금 마음을 다잡았다. 그때, 긴장을 녹이는 한 마디가 들렸다.

"해고하려고 부른 거 아니에요."

나의 우려를 의식한 듯 그가 말을 이어 갔다. "오히려 그 반대예요."

알고 보니 회사에서 정보기술 담당 이사와 시스템 운영 담당 이사, 정보 담당 최고책임자를 포함하여 내 위의 관리직책을 모두 없앤 것이었다. 찰나에 일어난 폭발처럼 한순간에 모두 사라져 버린 것이다. 따라서 그날 아침 내내 정보기술부 전체가 수뇌부도 없이 운영되고 있었다. 그런데도 그 사실을 누구도 인지하지 못했다.

"우리는 당신이 정보기술 부문 이사를 맡아 주었으면 합니다." 이어서 벤이 말했다. "그동안 일을 잘해 왔고, 이 자리도 충분히 감당할 수 있으리라 생각해요."

세상에! 나는 이날만을 두고두고 기다려 왔다. 마침내 내가 경영자가 되어 많은 돈을 벌게 되는 날이었다. 애타게 고대하던 순간이 드디어 눈앞으로 다가왔다. 마침내 현실이 된 것이다. 그런데 문제가 하나 있었다. 사소한 문제가.

나에게는 리더십 경험이 하나도 없었다! 나는 그동안 일했던 곳에서도 리더를 맡은 적이 없었다. 따라서 조직을 이끄는 방법도 알지 못했다. 이제 갓 서른이 된 소프트웨어 엔지니어가 리더십에 대해 무엇을 알겠는가? 하루 내내 구석에서 코딩이나 하던 내가 고급 집무실에서 나이도 나보다 두 배나 많은 사람을 관리한다고?

그것도 감독이나 팀장으로 승진하듯 차근차근 올라간 것도 아니었다. 그 정도를 넘어서 아예 정보기술 부문 전체를 총괄하는 책임자 역할을 맡으라는 것이었다! 이는 내가 염두에 두었던 다음 단계가 아니었다. 감독 정도면 모르겠지만, 이사 직위는 너무 갑작스러웠다.

벤의 통보에 나는 감사를 표하고 싶었으나, 부담스러웠다. 내세울 만한 리더십 관련 경력도 없는 상태에서 하루아침에 직위를 두 단계나 뛰어넘어 관리자가 되었다는 사실은 받아들이기 어려웠다. 자칫하면 바보가 될 수도 있었다. 동료들과 일하던 사람이 어떻게 느닷없이 모두의 상사가 될 수 있단 말인가? 하지만 그 순간, "네, 그렇게 하겠습니다."라는 대답이 입 밖으로 나왔다.

잠깐, 방금 무슨 말을 한 거지? 나는 속으로 "미쳤어?"라고 스스로 따지듯 물었다. 실제적인 경험도 전혀 없이 정장을 입은 채 이사회에 참석하고, 수백만 달러의 예산을 관리하며, 인사고과를 검토하고, 직원들 사이의 갈등을 해결하겠다고? 너무 무리수를 두는 것 아닌가?

그렇다. 나는 정확히 그렇게 답했다.

미처 준비도 되지 않은 채 여러 단계의 관리 서열을 뛰어넘어 리더의 지위에 올랐다는 것은 부자의 원칙이 얼마나 강력한 효과를 발휘하는지를 체험할 첫 번째 기회였다. 말하자면 일종의 시험대였다. 이처럼 놀라운 기회를 제대로 활용하든지, 아니면 너무 늦어 버릴 때까지 기다리든지. 세상이 나에게 선택을 강요하는 것 같았다.

하지만 그것은 나의 경력을 빛낼 매우 드문 기회임이 틀림없었다. 준비가 덜 되었다는 생각이 들더라도 마음속으로는 받아들여야 한다는 것도 알고 있었다. 그렇게 나는 혼잣말로 "일하면서 배워 나가지, 뭐."라고 했다. 그리고 그 말을 그대로 실행했다. 물론 실수도 있었지만, 그때마다 곧바로 배워 나갔다. 그날은 내 커리어의 대전환을 맞이하는 순간이었다.

이제부터 재산 형성의 발단을 이야기해 보자. 바로 부자가 된 사람들은 "예"라고 대답한다는 것이다. 그렇다면 부자는 어떤 경우라도 다가오는 기회라면 일단 잡고 보는 걸까?

물론 아니다. 하지만 우리에게 어떤 능력이 있는지를 파악하려면 때때로 타인의 시각에서 바라볼 필요가 있음을 생각해 보자. 우리는 자신을 온전히 바라볼 수 없더라도 타인의 시선이라면 가능하다. 타인은 객관적 제삼자를 의미하며, 그들이 인정하는 데는 특별한 의미가 있다.

내가 그 소임을 감당할 수 없다고 판단했다면, 회사에서 내게 정보기술 부문을 맡길 리 만무했다. 내가 그 일을 해낼 수 있으리라는 회사의 암묵적인 믿음 덕분에 나도 그 파격적인 승진을 받아들일 수 있었다.

승진으로 나의 직업 전망도 달라졌다. 기술직에서 경력을 쌓던 내가 하루아침에 리더의 지위에 올랐다. 이렇게 나는 완전히 새로운 세상에 들어서서 특별한 기술을 배우고, 유명한 인물들과 교류하면서 앞으로의 급여도 크게 인상되었다. 나의 연봉은 일주일 만에 60,000달러에서 85,000달러로 치솟았다. 2012년의 서른 살 직장인에게는 상당히 높은 수준이었다.

리더의 역할이 모든 사람에게 어울리는 것은 아니다. 하지만 이 결정이 나의 커리어 기간에 벌어들인 수입의 잠재력이 어떠한 의미를 지니는지를 곰곰이 생각해 볼 필요가 있었다. 회사의 승진 제의를 수락한 덕에 내가 받던 연봉의 액수가 달라졌다. 그것도 훨씬 높은 쪽으로 말이다.

대부분의 생계비 증가는 백분율을 바탕으로 한다. 급여가 높아질수록 급여 명세서에 찍히는 숫자도 더 커지기 마련이다. 예를 들어 60,000달러의 급여에서 5%의 인상액은 3,000달러이다. 인상 후에는 63,000달러의 새로운 연봉을 받게 된다.

그런데 85,000달러에서 5%의 인상분은 4,250달러이다. 즉 90,000달러에 살짝 못 미치는 연봉을 받게 된다. 급여가 높아질수록 인상분의 규모도 커지기 마련이다. 급여 인상은 임금 소득의 기하급수적인 증가로 이어진다.

시간이 흐름에 따라 두 급여 조건의 추이를 나타내는 표를 살펴보자. 85,000달러의 급여 조건이 60,000달러보다 훨씬 빠르게 증가하는 것에 주목하자.

$60,000 급여 증가액		$85,000 급여 증가액	
연간 증가율(%)	급여	연간 증가율(%)	급여
5%	$63,000	5%	$89,260
6%	$66,780	6%	$94,605
7%	$71,454	7%	$101,227
8%	$77,170	8%	$109,325
9%	$84,115	9%	$119,165

5년이라는 단기 조건에도 두 급여 사이에는 상당한 차이를 보인다. 본래 60,000달러와 85,000달러의 차액은 25,000달러였다. 하지만 불과 5년 만에 또 다른 10,000달러의 차액이 추가로 발생했다.

이것이 바로 기하급수적 성장의 마법이며, 내가 "예"라고 대답한 그때의 결정이 나의 수입에 지대한 영향을 끼친 이유였다. 이렇게 5년 동안 회사를 옮기지 않는다면 수입이 훨씬 증가하는 결과를 예상할 수 있다.

평소에 "예"라고 말하는 습관이 부자가 되는 데 유익한 이유는 다음과 같이 네 가지가 있다.

첫 번째 이유

두려움과 불안을 극복하고, 스트레스 관리와 거절을 적절하게 수행하며, 당신의 발전을 저해하는 안전지대를 돌파하도록 한다. 이는 거절과 실패를 성공을 방해하는 걸림돌로 보지 않고, 전체적인 과정의 일부로 받아들일 수 있는 환경을 조성한다. 또한 두뇌를 건강하게 재교육하여 매사에 누구보다 앞장서고, 실행 과정에서 배우며, 세상의 이목을 사로잡게 한다.

"예"라고 말하기는 단순한 결정의 차원이 아니다. 이는 긍정과 확신에 기초한 사고방식이다.

두 번째 이유

더 똑똑해진다. 성공과 실패에 상관없이 실행하는 모든 일이 당신을 더욱 영리하게 만든다. 새로운 경험을 통해 자신을 더 잘 이해하면서 새로운 관심사를 계발할 수 있다. 말하자면 경험은 곧 지혜라 할 수 있다.

또한 "예"라고 자주 말할수록 새로운 것들을 더 많이 접할 수 있다. 즉 새로운 차원의 비즈니스 방식인 것이다. 게다가 앞으로 나아가 새로운 것에 도전하고 시도함으로써 미래에 경제적으로 유익한 역량을 습득할 수 있다. 마찬가지로 내가 받아들인 승진 또한 앞으로의 커리어 내내 활용할 소중한 리더십 역량을 배우는 기회가 되었다.

안전지대에 머물러서는 아무것도 배울 수 없다. 현실에 뛰어들어 스스로 도전할 때, 배움은 비로소 시작된다.

세 번째 이유

당신의 개인 및 직업 인맥이 즉시 확장될 것이다. 나는 '무엇을 아느냐보다 누구를 아느냐가 더 중요하다.'라는 말을 신봉하는 편이다. 이 분야에서 두 번째 이후의 일자리는 모두 나의 직업 인맥에 포함된 사람의 직접적인 추천으로 이루어졌다. 이는 다수 회사의 공석 채용 공고(job opening)에서는 직원들이 추천하는 후보를 적임자로 선호하기 때문이었다. 따라서 "예"라고 자주 말할수록 더 많은 사람을 만나게 된다.

인맥이 넓어질수록 기회도 많아진다. 나는 달마다 친구와 전문 인맥 가운데 최소 한 사람 이상 만나기를 좋아한다. 이처럼 주기적으로 접촉하려고 노력하다 보면, 나중에 그 사람들이 필요한 상황에 연락 수단을 확보해 둘 수 있다.

네 번째 이유

삶이 더 즐거워진다. 나는 "예"라고 할 때마다 무척 즐거운 일이 생겼다. 물론 배움의 과정에서 힘들 때도 있었지만, "예"라고 대답하며 얻은 모든 기회를 통해 다음 기회에 활용할 수 있는 소중한 것들을 얻었다.

그렇게 나는 점점 "예"라고 말하는 데 능숙해졌다. 스트레스도 더욱 효과적으로 관리할 수 있게 되었고, 문제가 발생하기 전에 이를 미리 인지할 수 있게 되었다. 또한 어떠한 상황이라도 "예"라고 대답한 뒤에 차분히 알아가면 그만이라는 사실을 깨달았다. 그러니 현실을 마주하도록 하자. 성공은 달콤한 법이니까.

> **tip** 기회를 잡는 세 가지 방법
>
> 성장의 기회를 선뜻 수락하는 일은 나의 경험처럼 항상 명확하고 간단하지는 않다. 기회란 다양한 형태와 크기로 다가오기 때문이다. 따라서 당신이 수많은 기회를 이미 접하고 있다는 사실을 알고 난다면 깜짝 놀랄 것이다. 예를 들면 다음과 같다.
>
> **동료와 점심 식사를 함께하자**
> 점심을 같이하는 일은 수익 창출이나 문제에 관련한 논의, 또는 상대방에 대한 이해를 증진하는 데 더없이 훌륭한 기회이다. 친구나 동료와의 관계를 개선하는 일은 곧 새로운 기회를 얻는 환상적인 방법이다.
>
> **직장에서 대형 프로젝트에 자원하자**
> 안전지대에서 벗어나도록 자신을 떠밀어 새로운 역량을 계발하거나 새로운 사람을 만날 계기를 마련할 수도 있다. 그 과정에서 자신이 생각보다 더 유능한 사람이라는 사실을 깨닫기도 한다.
>
> **친구와 부업을 시작하자**
> 부업이란 야간이나 주말에 운영하는 작은 사업을 말한다. 로봇을 이용하여 반려견을 산책시키는 사업을 구상하는 친구가 있는가? 친구의 얘기를 잘 들어 보고, 타당하다고 판단되면 강아지를 산책시킬 로봇을 함께 만들어 보자.

기회라면 모두 받아들여야 하는가?

그건 아니다. 어떤 일이든 무조건 "예"라고 대답하라는 것은 당신의 생각과도 맞지 않을 것이다. 이는 내가 하려는 조언과도 거리가 멀다.

그 예로 일과 생활의 균형을 무너뜨릴 수 있는데도 새로운 기회라는 이유로 무조건 받아들이는 것은 현명한 선택이 아니다. 너무 많은 일에 관여하여 번아웃(burnout)[04]에 빠지는 일은 없어야 한다. 녹초가 되도록 일해서 상당한 재력가가 된 사람은 없다. 이러한 방식으로는 몇 달에서 몇 년 정도는 버틸 수 있더라도 결과적으로 번아웃 상태에 빠지기 마련이다.

더욱이 나에게는 직감을 따라야 한다는 강한 믿음이 있다. 직감적으로 아니라는 생각이 든다면, 그 느낌을 근거로 판단하는 게 현명할 수 있다. 나의 직감이 나를 잘못 이끈 경우는 극히 드물었기 때문이다!

마지막으로 기회가 왔을 때 "예"라고 말한다고 해서 반드시 성공이 보장되는 것은 아니다. 다시 말해 "예"라는 대답이 꼭 일이 잘 풀릴 것이라는 의미는 아니다. 일이 실패할 수도 있으므로, 언제나 그러한 가능성을 염두에 두어야 한다.

모든 30대가 40명의 소프트웨어 개발자로 구성된 팀을 매일같이 성공적으로 이끌 기회를 맞이하는 것은 아니다. 비록 그 기회가 뜻대로 풀리지 않더라도, 다음에 찾아올 기회에 대비할 소중한 교훈을 얻을 수 있다. 따라서 긍정의 힘을 믿고, 이에 따른 삶의 변화를 지켜보자.

---

04 심신의 탈진 상태.

> **당신의 과제**

당장 이번 주부터 새로운 일에 "예"라고 말하자. 이 책을 읽기 전에 거절했을 일에도 "예"라고 하자. 일단 시도해 보자. 사소한 일이라도 상관없다. 오히려 작은 것에서 출발하는 편이 더 현명하다. 그 예로 친해지고 싶은 동료에게 점심을 같이 먹자고 먼저 말해 보자.

> **실행전략** 기회를 더 자주 잡는 방법

1단계: 삶에서 기회의 영역을 찾아내자

이 단계에 시간을 조금이나마 할애하도록 하자. 나는 주변에 얼마나 많은 기회가 있는지 깨닫는 데만 여러 주가 걸렸다. 그런데도 그 기회를 무심코 거부하며 무시해 버렸다.

나는 너무 어려워 보이는 프로젝트를 습관적으로 거부한 적이 있었다. 그중에는 뛰어난 역량과 경험을 얻을 기회도 많았음에도 말이다. 그렇게 나는 손쉬우면서 내게 어울리는 일이 아니면 거절했는데, 이는 나의 실수였다.

기회는 직장과 친구, 가족, 학교 동창 등 다양한 곳에서 찾아올 수 있다. 2주 전에 동료에게서 점심 식사를 같이하자는 연락을 받은 적이 있는가? 사내 채용 공고에 지원하지 않기로 했던 적은? 아니면 회사의 전 구성원을 대상으로 프레젠테이션을 할 기회는 있었는가? 이 모두가 당신의 가치를 입증할 기회이다.

2단계: "내가 그 기회를 잡을 수 있는가?"에 답해보자

대답을 주저하게 하는 것은 무엇인가? 두려움 때문인가? 아니면 당신에게 잘 맞지 않는 기회라서였는가? 이 단계에서 자신을 속단하지 말기를 바란다. 질문에 솔직하게 대답해 보자.

나는 두려움 때문에 거절한 적이 있었다. 실패하거나 멍청해 보일까 봐 두려워서였다. 하지만 이는 잘못된 마음가짐이었다. 결과적으로 나는 전문성을 높이고, 유능한 사람을 만날 기회를 수없이 놓쳐 왔던 것이다.

3단계: 직관이 거절을 종용하지 않는 한 수락하자

제안을 이미 거절했다면, 다시 연락하여 마음을 바꿨다고 말하자. 그래도 괜찮다.

그리고 1년 내내 "예"라고 말하자. 잡은 기회가 생각대로 잘되지 않더라도 상관없다. 당신의 존재를 드러내고 안전지대에 도전장을 던지면서 자신이 설정한 한계를 뛰어넘는 것이 무엇보다 중요하다.

제2장

현명한 이기주의자로 살아남는다

> 타인을 돕고 사회에 환원하는 능력은
> 개인적 토대와 아주 밀접한 관련이 있다.

부자는 대부분 이기적이다.

여기서 '이기적'이라는 표현은 전통적인 의미에서의 이기심이 아니다. 항공업계의 표현을 빌리면, 부자는 옆자리 승객의 산소 마스크 착용을 돕기 전에 자기부터 착용해야 한다고 믿는다. 이유는 간단하다. 자신이 죽으면 아무도 도울 수 없기 때문이다.

산소 마스크를 착용해야 심장의 박동과 뇌의 각성을 유지하기 위해 폐에서 필요한 조건을 갖출 수 있다. 결과적으로 당신이 우월한 위치에 서는 것이다. 내가 부자를 이기적이라고 표현하는 이유가 여기에 있다.

부자는 자기 관리와 가족이 최우선이다. 그리고 출세와 오락, 사회적 의무 등은 차선에 두고 있기에 성공할 수 있는 것이다. 당신의 욕구를 가장 우선시하고 삶의 토대를 튼튼하고 확실하게 구축하는 것이야말로 누구나 선택할 수 있는 가장 건전하고 현명한 실천법이다.

더 나아가기에 앞서, 우선 껄끄러운 문제부터 짚고 넘어가려 한다. 이 규칙에도 예외는 있다. 일부 부자들은 건전하지 못한 방향으로 이기적이다. 그들은 거짓말과 속임수로 원하는 것을 훔치기도 한다. 이러한 일이 일어나면 우리는 종종 그 일을 뉴스에서 보게 된다. 아니면 직장에서의 불합리한 정책을 못마땅해하는 친구나 가족을 통해 듣기도 한다.

부자가 돈 욕심으로 범죄를 저지르거나 불미스러운 사건에 연루되었을 때, 우리는 그 소식을 금방 전해 듣는다. 뉴스 방송에서는 그 사람들을 '부도덕한 부유층'으로 몰아가는 보도를 쏟아 댄다. 그렇게 우리의 머릿속에는 부자라면 부도덕하고 교활하며 이기적이라는 그릇된 생각으로 채워지기 시작한다. 그러나 이는 진실과 동떨어진 이야기다.

2022년 기준 미국에는 약 2,200만 명의 부자가 있다. 그중 대부분이 악한 사람들이라면, 우리가 살아가는 세상은 지금과 사뭇 달랐을 것이다. 사회 곳곳에 악이 퍼지면서 부유하지 않은 사람들이 재산을 축적하고 가족을 부양하는 것도 거의 불가능에 가까웠을 듯하다. 그러나 다행스럽게도 부자의 대부분은 사악하지 않다.

> **tip** 건전한 이기주의의 의미
>
> 건전한 이기주의란 우리의 기본 욕구를 충족하는 것 이상의 의미를 지닌다. 물론 머리 위에는 지붕이 있어야 하고, 저녁 식탁 위에는 음식이 있어야 하는 등 삶에서 가장 필수적인 영역부터 해결해야 한다. 이들 욕구는 항상 최우선에 서 있다.
>
> 건전한 이기주의는 다음과 같이 그다음 단계를 해결하는 것을 의미한다.
>
> - 사랑하고 협력하는 결혼생활 또는 파트너십을 유지한다.
> - 집에서는 안락함을, 사무실에서는 활력을 느낀다.
> - 걱정과 심한 스트레스가 없는 정서적 상태를 유지한다.
> - 기본적인 생활 유지는 물론, 더 나은 삶을 만끽하기에 충분할 정도로 여유 있는 재산을 형성한다.
>
> 우리의 정신이 결핍과 근심에 사로잡히지 않을 때, 비로소 사회에 환원할 방법과 삶이 주는 모든 것을 누릴 방법을 자유로이 탐색할 수 있다.

그렇다면 건전한 이기주의는 어떻게 실천해야 할까? 바로 끊임없이 자신을 보살펴야 한다. 자신을 먼저 보살핌으로써 많은 돈을 벌고 더 행복해지며, 부를 사회에 환원할 수 있도록 더 나은 위치에 오르게 하는 다섯 가지 핵심 영역을 살펴보기로 한다.

'잘 보이기 위한' 소비는 금물이다

돈은 삶의 모든 영역에 영향을 미친다. 당신이 타는 자동차, 살고 있는 집, 입고 있는 옷, 즐겨 이용하는 오락거리 등 모두가 돈의 영향을 받는다. 돈을 현명하게 관리할수록 안정되고 행복해지며, 중요한 일에 더 많은 돈을 지출할 수 있다.

재정적 이기주의는 당신의 개인적 목표를 이해하고, 다섯 가지 주요 재정 전략을 실행하는 것에서 시작된다. 다음에 소개하는 전략을 살펴보고, 논의에 주목하기 바란다. 아래의 전략 모두 실제 상황에 적용되는 내용임을 약속할 수 있다.

재정적 이기주의의 5대 지주

당신의 재정 건전성은 다음의 5대 지주로 집약할 수 있다.

비상금 마련하기

비상금이란 갑작스러운 실직이나 자동차 수리비, 의료비 등 뜻밖의 지출에 대비하여 따로 확보한 돈을 말한다. 실수로 비상금을 사용하는 일이 생기지 않도록 별도의 저축예금으로 보관하는 것이 좋다. 임차료나 대출 이자, 공과금, 식비, 주유비, 교통비, 오락비 등을 포함하여 최소 3개월분 이상을 목표로 하자.

소비자 부채 최소화하기

모든 부채가 나쁜 것은 아니지만, 고금리 소비자 부채만큼은 반드시 유의해야 한다. 고금리 소비자 부채에는 신용카드, 개인 신용 한도, 백화점 금융 서비스 등이 포함된다. 당신의 목표는 개인 부채를 낮은 액수로 유지하거나, 가능하다면 없애는 것이 좋다. 이처럼 이미 보유하고 있는 고금리 부채를 상환해야 한다.

하루 벌어 하루 먹고 사는 생활에서 벗어나기

현금이 부족하여 오늘 저녁 식탁에 오른 음식의 비용을 다음 달 월급으로 해결해야 하는 것보다 최악의 상황은 없다. 따라서 지출을 줄이고 수입을 극대화하여 생필품 구입비를 다음 달 월급에 의존하지 않도록 완충 장치를 마련해야 한다. 더 많은 돈을 버는 방법은 제4장에서 더 자세하게 설명한다.

재산 형성하기

재산 형성은 직장생활 동안의 저축과 투자, 그리고 현명한 재정적 판단의 결과물이다. 이를 위해서는 지출보다 수입을 늘려 주식과 채권, 상장지수 펀드, 부동산 등 가치상승 자산에 투자할 여력을 남겨 두어야 한다.

개인적 자금 목표

자녀 교육비, 카리브해 크루즈 여행, 은퇴 후 따뜻한 지역으로의 이사 등 무엇을 위해서든 저축은 필요하다.

위의 5대 지주가 만족스럽지 않다면 돈에 대해 조금 더 이기적으로 생각할 필요가 있다. 5대 지주는 우리의 관점에서 안락한 은퇴에 대비한 재산 형성에 유익하다. 미래의 재정을 흔들 정도로 씀씀이가 헤퍼서는 안 된다. 재정 건전성을 최우선시함으로써 재정적인 안정을 큰 폭으로 끌어올려야 당신만의 완벽한 생활 방식을 구축하는 데 더 많은 자원을 확보할 수 있다.

그렇다면 우리의 돈을 재정적 이기주의에 맞게 운용하는 방법은 무엇일까? 다음의 사례를 보자.

친구 몇 명과 저녁 식사를 하러 갔다고 가정해 보자. 당신은 회사 일도 잘하고, 돈도 잘 벌며, 너그러운 인상을 주는 사람이다. 이렇게 멋진 당신이 친구들에게 한턱내기로 결심했다. 지불해야 할 금액이 300달러나 되지만, 당신은 잘살고 있는 데다 여유 자금도 제법 있으니 당장 거리낄 것이 있겠는가? 당신은 다가오는 웨이터에게 손짓하며 계산하겠다는 신호를 보낸다. 그러면서 계산서를 집어 드는 모습, 참 멋지지 않은가?

물론이다. 그러나 그것은 당신의 전반적인 재정 건전성을 감안하면 썩 현명한 결정이 아닐 수도 있다. '300달러'가 적힌 계산서를 떠안는 것이 당신에게 최선일까? 벤저민 프랭클린이 그려진 지폐를 세 장이나 지출했다가 당신의 재정 상황이 악화될 수 있는 몇 가지 상황을 예상해 보자.

뜻밖의 지출에 대비하여 비상금을 확보하지 못한 상황이라면, 내일 갑자기 실직하거나 지붕 누수로 고액의 수리비가 필요한 상황에서 빚을 질 위험이 있다. 비상금이 있더라도 빚을 지는 것은 썩 즐거운 일이 아닌데, 그 돈마저 없다면 어떤 기분이 들까?

또는 신용카드 부채가 있다면 이자가 에베레스트산만큼 쌓일 것이다. 참고로 미국 신용카드의 평균 금리는 약 22%이다.[05] 신용카드 이자는 재정적 자유를 방해하고, 신용점수를 떨어뜨리며, 신용카드 회사의 배만 불릴 뿐이다. 다시 말해 재정 상태가 탄탄하지 못한 상황에서 인심 좋은 일만 하다가는 저축도, 재산 형성도, 부자로서의 은퇴도 물 건너갈 뿐이다.

그 300달러를 다른 곳에 더 잘 사용할 수도 있다. 아니면 아예 지출하지 않는 것도 좋은 방법이다. 당신이 반드시 식당에서 계산서를 집어 들거나, 친구 또는 가족에게 굳이 돈을 빌려줄 이유는 없다. 특히 당신에게 신용카드 부채가 쌓여 있거나, 투자도 없이 하루 벌어 하루 먹고사는 처지이거나, 비상금을 마련할 저축조차 할 수 없는 상황이라면 더욱 그렇다.

충고하자면 당신의 최우선 목표는 돈을 '인심 좋게' 쓰는 것이 아니라 당신만의 재정 건전성을 확보하는 것이다. 각종 청구서를 해결하고 꿈꾸던 삶을 이룩할 유일한 책임자는 바로 당신임을 기억하자. 부의 공식에서 돈은 매우 큰 비중을 차지한다.

당신이 가진 돈에 이기적이더라도 상관없다. 언제나 당신의 재정적 안녕이 가장 먼저다.

건강은 부와 행복의 연료?

건강에는 두 유형이 있으며, 두 가지 모두 중요하다. 그리고 이들 유형은

---

[05] McCann A. "Average Credit Cart Interest Rates." 2023. 8. https://wallethub.com/edu/cc/average-credit-card-interest-rate/50841.

상호 의존적인 관계이다. 여기에서 말하고자 하는 건강의 두 갈래는 바로 신체 건강과 정신 건강이다.

신체 건강

냉정하게 생각해 보자. 우리는 신체적으로 건강할 때 기분도 좋아지고 일도 더 잘 된다. 활력이 넘쳐나며, 사랑도 뜨거워진다. 또한 규칙적인 운동은 우리의 면역체계를 강화하여 병가를 낼 일도 줄어들게 된다. 따라서 승진이나 임금 인상에서도 더 유리해진다.

신체가 건강하면 몸을 관리하는 비용도 줄어든다. 〈뉴욕 타임스(The New York Times)〉에 따르면 중년 이전에서 중년 시기에 꾸준히 운동한 사람들은 은퇴 이후 매년 824~1,874달러를 절약한다고 보도했다.[06] 아울러 신체 활동은 일반적으로 비만과 당뇨, 우울증, 치매 등을 예방하는 것으로 알려져 있다. 따라서 신체 건강을 개선하면 외모와 업무 성과가 향상될 뿐 아니라, 어렵게 번 돈을 허무하게 날리지 않고 더 많이 저축할 수 있다.

신체 건강이 좋아졌을 때의 단점은 없다. 건강할수록 우리가 선택하는 모든 일을 더 효율적으로 수행할 수 있기 때문이다. 건강한 사람은 더 정열적이고 창의적이다. 이처럼 건강을 유지하는 것이야말로 사회에 환원하는 최선의 방법이기도 하다.

그러므로 체육관 운동이나 요가 강습, 줌바 강좌, 달리기 등을 다른 일보다 우선시하자. 운동이 끝날 때까지는 다른 방해 요소를 차단해야 한다. 그

---

06 Reynolds, G. "Lifelong Exercise Adds Up to Big Health Care Savings." The New York Times. 2021. https://www.nytimes.com/2921/06/16/well/move/exercise-health-care-cost-savings.html.

렇다면 신체 건강을 최우선으로 다루는 방법은 과연 무엇인가?

1단계: 건강은 하루아침에 이루어지지 않는다

건강에 기적을 기대해서는 안 된다. 삶을 획기적으로 바꾸려면 그것이 건강한 삶의 변화라 하더라도 시간이 걸리기 마련이다. 하룻밤 사이에 30~40kg의 체중을 늘리기는 어렵듯, 그만큼 빠르게 빼는 것도 불가능하다. 속도를 조절하고, 과정을 따라야 한다. 즉 시간이 필요하다.

2단계: 습관화를 위해 시간표를 활용하자

체육관 영업 시간에 '맞추려' 애쓰거나 무작정 야외에서 달리기보다 운동 시간표부터 만드는 것이 좋다. 그리고 시간표를 반드시 따라야 한다. 시간표를 만들면 그저 시간 날 때만 운동하는 것이 아닌, 새로운 운동 루틴을 습관화할 수 있다.

당신은 아침형 인간인가? 그렇다면 일과를 시작하기 전에 30~45분 정도 운동을 해 보자. 아침에 시간이 없으면 퇴근 후라도 좋다. 나는 지난 몇 년간 점심시간을 쪼개어 근처 체육관에서 운동을 했다. 덕분에 오후 시간을 활기차게 보낼 수 있게 되었다. 점심은 운동을 끝내고 책상에서 해결했다.

여기에서 반드시 기억해야 할 중요 사항은 운동 시간표를 짜는 것이다. '시간이 나면 운동해야지.'라고 생각하다가는 매번 생기는 일 때문에 운동하는 날이 극히 드물어질 것이다.

3단계: 건강하게 먹자

채소를 비롯한 자연식품으로 만든 건강한 음식을 섭취하면 건강한 신체를 만들 수 있다. 시금치, 방울양배추, 브로콜리 등의 녹색 채소는 건강한 식단을 짜는 데 도움이 된다. 이외에도 퀴노아와 오트밀 같은 통곡물, 생선, 베리류, 견과류, 씨앗류 등도 건강에 좋다. 한편 건강한 간식거리로는 그릭 요거트, 냉동 과일, 후무스(hummus)[07] 등을 추천한다.

미국에서 건강식을 사러 갈 시간이 없을 때는 헬로 프레시(Hello Fresh), 블루 에이프런(Blue Apron), 선바스켓(Sunbasket)[08] 등 다양한 배달 서비스를 이용할 수 있다. 음식을 고르기만 하면 재료에 조리법까지 동봉하여 문 앞까지 배달해 준다. 또한 즉석 음식을 보내 주는 서비스도 제공하므로, 퇴근길에 패스트푸드를 사 오는 것만큼이나 간편하게 집에서 건강식을 먹을 수 있다.

4단계: 책임감을 함께 나눌 파트너를 찾아라

중대한 변화를 시도하는 일은 누구에게나 어렵다. 그러나 당신의 책임을 함께 짊어질 사람을 찾는다면 상황이 크게 달라질 수도 있다. 가령 새로운 운동 프로그램을 시작했다면, 같이 운동할 체육관 파트너를 찾아보자. 책임 파트너는 당신이 운동할 생각이 없더라도 함께할 수 있도록 격려해 줄 것이다.

모바일 앱을 통해 의욕을 북돋우는 것도 좋은 방법이다. 다양한 피트니스 앱을 스마트폰에 설치하여 운동 과정을 점검함으로써 날마다 의지를 다질 수도 있다. 아이폰 사용자는 '피트니스' 앱을 활용하여 운동량을 추적하고 운동 목표를 설정할 수 있다. 안드로이드 사용자라면 '구글 핏(Google Fit)' 앱으로 섭취한 열량을 살펴보고, 운동량에 따라 포인트를 적립하면서 걸음

---

07   삶은 병아리콩을 으깨어 만든 중동 지역의 음식이다. 주로 빵이나 채소를 곁들여 먹는다.
08   세 곳 모두 미국의 밀키트 전문 기업으로, 배달 서비스까지 겸한다.

수도 매일 확인할 수 있다.

5단계: 시간 부족이 방해 요소가 되어서는 안 된다

체육관에 갈 수 없어도 운동을 할 방법은 다양하다. 예컨대 마트에서 먼 곳에 주차하면 걸음 수가 그만큼 많아진다. 또는 엘리베이터 대신 계단을 이용하거나, 점심시간을 활용하여 동네나 사무실 주변을 산책하는 것도 좋다.

근무 환경에 융통성이 있는 직장이라면 일과 중 일정 시간 동안은 서서 일할 수 있도록 높이 조정이 가능한 책상을 설치하는 것도 좋다. 주기적으로 일어서서 일하면 바른 자세에 도움이 될 뿐 아니라 더 많은 열량을 소모할 수 있다.

또한 적절한 수면은 기분 개선과 활력 및 정신 건강 증진에 중요하다. 주말에 너무 늦게 일어난다면 월요일 오전 업무에 지장을 줄 수 있다. 한편 수면 시간이 급격하게 바뀌면 우리의 일주기 리듬(circadian rhythm)에 혼란을 주기도 한다. 일주기 리듬이란 24시간 주기의 자연스러운 신체적, 정신적 변화를 말한다. 수면 시간이 일정할수록 매일 아침에 일어나 새로운 하루에 맞설 준비도 더 수월해진다.

그 예로 나는 해가 뜨면 자연스럽게 잠에서 깬다. 마찬가지로 날이 어두워지면 바로 피로해진다. 나는 이러한 변화에 맞서지 않고 한밤중의 약속을 거절하는, 쉽지 않은 방법을 터득했다. 그랬다가는 다음 날 아침을 망칠 수 있음을 잘 알기 때문이다.

정신 건강

연구에 따르면 운동을 규칙적으로 하는 사람들이 정신적, 정서적으로 더 건강하며, 정신 질환 비율도 낮은 것으로 나타났다.[09] 우리의 정신 건강에 가장 부정적인 요인의 하나가 정치이다. 논란이 될 수 있는 얘기이지만, 적어도 나는 그렇다고 말하고 싶다. 최근의 정치적 사건이 불러오는 분노에 몰입하는 것보다 각자가 처한 상황에 집중한다면 훨씬 더 행복하고 부유하며, 현재에 만족하는 삶을 살 수 있으리라고 확신한다.

그렇다고 변화를 위해 투쟁하거나 정치 체제에 관여하는 일이 가치가 없다는 것은 아니다. 역사적으로 정부는 변화를 바라는 국민이 들고일어나 투쟁할 때에야 비로소 발전한다는 사실을 명확하게 보여 준다. 그렇더라도 정치에 지나치게 몰입하는 것은 매우 건강하지 못한 습관이 될 수도 있다. 문제는 다음에 있다.

인간은 살아가면서 근본적인 문제에 부딪혔을 때 집중력이 흐트러지는 경향이 있다. 그래서 정치와 대의, 사회 문제 등 다른 방향으로 관심이 쏠리면서 자기 관리에 소홀해지기 쉽다. 그렇게 스트레스가 극심해지고, 분노에 사로잡힌다. 그 결과로 업무 성과도 저하되고, 인간관계에도 부담이 가중된다.

다시 강조하건대, 이상에서 말한 바는 사회 문제나 정치적 대의가 중요치 않다는 뜻이 아니다. 우리가 맞설 대상을 찾으면서도 이따금 삶에서 매우 단편적인 문제에 휩쓸릴 때가 있다는 의미이다. 게다가 우리는 자신을 발전시키기보다 싸우는 것 자체에 더 많은 시간을 소비한다.

---

09 "Exercise and Mental Health." BetterHealth Channel(n.d.). https://betterhealth.vic.gov.au/health/healthyliving/exercise-and-mental-health.

바로 여기에 건전한 이기주의의 마법이 숨어 있다. 깨어 있는 시간을 온통 정치나 해묵은 사회 문제를 해결하는 데 소비하기보다는 자신의 욕구에 집중해야 한다. 그래야 과도한 스트레스와 근심에서 벗어나 지역사회에서 중대한 변화를 주도할 수 있는 강하고 자신감 넘치는 사람이 될 수 있다. 그 결과로 유능한 '변화 주도자'의 지위에 한 걸음 다가갈 수 있다. 인간은 자기 몸과 마음이 허락하는 만큼만 유능해질 수 있다.

요컨대 정치와 사회적 대의처럼 당신에게 중요한 문제에 관여하는 것은 훌륭하다. 하지만 이 과정에서 자신을 잃어버리지 않도록 주의해야 한다.

정신 건강에 관하여 도움이 필요하다면 외부에 도움을 요청하는 것이 최선이다. 그러므로 믿을 수 있는 사람에게 당신의 삶을 이야기하자. 아니면 무료 상담번호로 연락하여 도움을 받을 수도 있다. 그러나 낯선 사람과 전화로 대화하는 것이 부담스러운 사람도 있다. 그렇다면 미국의 '크라이시스 텍스트 라인(Crisis Text Line, CTL)'처럼 대화 대신 글로 상담할 수 있는 기관에 연락해 보자.

커리어와 삶의 질을 일치시키자

매주 40시간씩 일한다고 가정한다면, 1년에는 2,000시간을 일하는 셈이다. 사무실에서 보내는 시간이 그만큼 많다는 뜻이다. 일은 우리의 기분과 정신 건강에 상당한 영향을 미친다. 보수가 적다고 느끼면 마음도 무거워지고, 동료가 마음에 들지 않으면 왠지 모르게 불안하고 실망스럽기도 하다.

통제되지 않는 곳에서는 일도 순탄하게 진행되기 어렵다.

주의하지 않으면 일이 우리의 삶을 송두리째 앗아갈 수도 있다. 따라서 그러한 일이 일어나지 않도록 하는 방법을 익히는 것이 중요하다. 이는 이 책을 쓴 이유이기도 하다. 직장에서의 건전한 이기주의는 보상, 일과 생활의 균형, 인정의 세 가지 주요 영역으로 구분할 수 있다.

보상

임금 인상을 요청하는 것은 결코 이기적이거나 탐욕스러운 행동이 아니다. 오히려 그 반대이다. 당신이 적절한 보상을 받기 위해 적극적으로 나서지 않는다면, 회사에서는 불합리하거나 부적절한 보상을 그대로 내버려둘 수도 있다.

그러므로 첫째, 보상이 실제로 부족한지 확인해야 한다. 나는 직장에 다니면서 연 2회 정도 글래스도어(Glassdoor)[10]와 페이스케일(PayScale)[11] 등의 취업 정보 플랫폼에서 나와 비슷한 직무와 회사의 최신 급여 정보를 확인했다. 급여가 적을 때는 조사한 내용을 꼼꼼히 기록해 두었다가, 이를 상사와의 연봉 협상 자리에서 활용했다.

둘째, 채용될 당시의 직무와 비교하여 추가된 업무나 책임이 있는지 고려해야 한다. 일례로 나는 첫 회사에 소프트웨어 개발자로 채용되었지만, 나중에는 지역 대학교 출신의 젊은 학생들을 채용하고 교육하는 신규 인턴 프로그램을 운영했다. 애당초 내가 채용될 때보다 업무가 늘어난 것이므로, 나는 그 책임의 양을 근거로 급여도 올려 받았다.

---

10   직원의 실제 리뷰에 기반한 미국의 직장 및 상사 평가 사이트.
11   급여 정보를 전문적으로 조사하는 미국의 데이터 업체.

당신이 재직하는 회사의 채용 공고에서 당신과 비슷한 직무를 살펴보자. 직무 설명서에 명시된 급여 수준이 당신보다 높다면 급여 조정이 필요할 수도 있는 좋은 신호이다. 나는 과거에 다니던 회사 중 한 곳에서 이 기법을 적용하여 급여를 4% 조정함으로써 채용 공고와 비슷한 수준으로 인상했다. 다만 다음과 같은 경우라면 급여 조정이 필요할 수도 있다.

- 1년 동안 생계비 조정을 하지 않았을 때
- 급여 인상 없이 책임만 늘어났을 때
- 자격증이나 학위를 취득하여 자신의 가치를 높였을 때
- 친구가 다른 회사에서 나보다 돈을 더 많이 받는다고 말했을 때

급여가 충분치 않다고 판단될 때, 다음으로 할 일은 급여 인상을 주제로 상사와 면담하는 것이다. 그 전에 급여가 적다는 사실을 입증할 서류부터 준비해야 한다.

위와 같이 급여 인상 요청은 부담스럽고 스트레스를 받는 일이다. 그러나 회사에서 일한 가치만큼 보상을 받기 위해서라면 필수적인 과정이기도 하다. 급여 인상을 요청하는 방법에 대해서는 제3장에서 자세하게 설명하고자 한다.

일과 생활의 균형

일과 가정 사이에서 건전한 경계를 유지하는 것이 곧 일에 집중하지 않거나 소홀하겠다는 의미는 아니다. 이 말은 곧 자신의 존재와 안녕을 중시한다는 뜻이다. 그리고 일과 생활의 균형이 유지될 때, 늘 그렇듯 당신은 더

큰 일을 준비할 수 있다.

살아오면서 나에게도 일과 생활의 균형이 어긋난 적이 있었다. 그때는 늘 일만 했다. 크리스마스 이브에도 일하며 이메일을 보내던 기억이 난다. 추수감사절과 휴가 때도 출근이 일상을 넘어 당연한 일이 되어 버렸다. 마치 밥 먹듯 하는 야근처럼 말이다.

토요일과 일요일마저 평일의 일부였고, 나를 포함한 누구도 그 문제에 토를 달지 않았다. 일할 때는 물론이고, 쉴 때조차 언제나 일하는 듯한 느낌이었다. 그렇게 몸무게가 거의 35kg나 늘면서 겨우 계단 하나를 올랐는데도 숨이 턱까지 차오름을 느낀 뒤에야 비로소 내 몸을 죽음으로 서서히 내몰고 있음을 깨달았다.

나는 다른 것보다 일을 우선시해 왔고, 그 결정에 타협은 없었다. 그렇게 일에만 몰두한 결과, 건강은 뒷전으로 밀려났다. 음식을 할 여력도 없어 동네 식당이나 패스트푸드점에서 끼니를 간단히 때울 때가 많았다. 그러다 보니 건강은 점점 나빠졌고, 작정하고 어렵게 모은 돈도 점점 빠져나갔다. 일과 생활의 균형은 이미 완전히 박살이 나 있었고, 이에 변화가 필요했다. 그렇게 미래의 행복이 일과 생활의 균형에 달렸다는 사실을 절감했다.

내가 시도한 변화는 대단히 획기적이었다. 일과 생활의 균형을 찾기 위해 버지니아에서 애리조나로 이사했다. 그리고 그곳에서 마침내 일과 삶의 균형을 찾았다. 당시 나는 혼자였기 때문에 미국을 횡단하는 이사도 그리 큰 일이 아니었다. 2주 전 사직 통보서를 제출하고, 짐을 꾸려서 차를 몰았다.

그러나 냉정하게 생각해 보자. 누구나 나처럼 바로 떠날 수 있는 것은 아니다. 결혼하여 자녀까지 있다면 다른 주로 이사하기 전에 많은 것을 고려해야 한다. 다행히 이사를 하지 않고도 일과 생활의 균형을 더 잘 관리하는 방법은 있다. 이에 일과 생활을 균형을 효율적으로 관리하는 네 가지 방법을 다음에 소개한다.

문제 해결을 위해 감독자, 과장, 인사부와 대화하자

상사 또는 타 부서에서는 당신의 상황을 모를 수도 있다. 좋은 회사라면 직원의 번아웃을 바라지 않는다. 이를테면 회의에서 다음과 같이 말할 수 있다.

> 저는 지난 6개월 동안 거의 주말에도 출근하여 주당 50시간 이상 초과근무를 했습니다. 그러다 보니 최근에는 활력이 떨어지기 시작했습니다. 저는 앞으로도 회사를 위해 기꺼이 최선을 다하겠지만, 건강과 가정생활에는 지장이 없었으면 합니다. 업무량을 조금 줄이고 휴식과 가족과의 시간을 조금 더 보장할 방법을 찾아보았으면 합니다.

일과 가정의 경계를 설정하자

예를 들자면 평일 오후 6시 이후에는 이메일 확인을 중단해야 한다. 그리고 주말에는 아예 이메일을 열람하지 않아야 한다. 또한 사무실을 나선 후에는 컴퓨터에서 손을 떼고 다음 영업일에 업무를 재개하겠다는 의사를 동료와 상사에게 확실하게 밝혀야 한다.

더 자주 휴식하자

대다수는 일과 중 휴식시간을 조금 더 늘려도 일에 짓눌리는 것을 예방할 수 있다. 실제로 한 연구에서는 일하다가 휴식한 후 다시 업무에 복귀할 때 집중력과 생산성이 향상된다고 한다. 단 몇 분만으로도 마음을 가다듬고 스

트레스를 해소하면서 활력을 충전할 수 있다.[12]

집에서 일하는 경우, 컴퓨터에서 한걸음 멀어지는 것이 더 수월할 수 있다. 그러나 TV, 아이들, 세탁기에서 미처 꺼내지 않은 빨래 등 집 안의 여러 방해 요소로 집중력이 흐트러지지 않도록 유의해야 한다.

한편 사무실에서 일한다면 휴게실을 오가며 커피나 차 또는 물을 자주 마시자. 날씨가 좋을 때는 건물 주변을 두세 번 산책하는 것도 좋다. 야외에서의 산책은 잠시나마 새로운 환경에서 문제를 생각하고 창의적인 해결책을 궁리하는 데 큰 도움이 된다.

직장을 바꾸자

지금까지 소개한 방법에 모두 실패했다면 걱정하지 말고 직장을 바꿔야 한다. 이직을 통해서라면 일과 생활의 균형을 찾을 수 있을 뿐 아니라 급여도 더 높아진다. 나는 15년 동안 네 차례 직장을 옮겼으며, 새로운 직위에 앉을 때마다 급여도 15~20%씩 인상되었다. 물론 직장을 너무 자주 옮기는 것을 바라지 않는 사람도 있을 것이다. 하지만 이직은 더 많은 급여를 받으면서 당신과 가족을 위해 더 나은 직무를 찾는 효과적인 방법이 될 수 있다.

인정

자신의 공로를 높이 평가하는 것이 타인의 업적을 평가절하한다는 의미는 아니다. 프로젝트를 열심히 수행했거나, 중요한 목표에 도달했거나, 큰 성과를 이루었을 때는 스스로 손을 들어 그동안의 업적을 인정받는 것도 좋

---

12 "Take Back the Lunch Break." KRC Research(2017). https://cdntorkprod.blob.core.windows.net/docs-c5/763/185763/original/tork-takes-back-survey.pdf.

다. 이와 관련하여 인정이 얼마나 중요한지를 일깨우는 사례를 소개하도록 하겠다.

2015년, 내가 일하던 회사의 최고 운영책임자(COO)가 중요 제안서에 대해 나에게 자문한 적이 있다. 그 제안서는 대형 계약과 관련된 내용이었는데, 제시된 업무에 필요한 기술적 설명의 일부를 나에게 부탁한 것이다. 야심가였던 나는 이 일로 회사에서 주목을 받을 수도 있겠다는 생각으로 기꺼이 그 제의를 받아들였다.

최고 운영책임자와 함께 일하는 것이야말로 좋은 기회가 아니던가? 며칠 동안 공들여 서류를 작성한 나는 편집본을 계약 담당자에게 넘기며 검토하도록 했다. 그로부터 한 달 뒤, 우리 회사의 대표는 고객에게 그 제안서를 제출했다. 계약 담당자는 이 과정에서 일정한 역할을 한 나에게도 제안서 사본 한 부를 보내왔다.

다행히도 우리 회사에서 그 계약을 성사시켰다. 하지만 내가 이 이야기를 하는 진짜 이유는 그 때문이 아니다. 이후의 내용을 계속 이야기해 보겠다.

지금이 적기라고 판단한 나는 최고 운영책임자에게 급여 인상을 요청했다. 그리고 설득력을 높이기 위해 이번 계약 과정에서 내가 기여한 부분을 언급했다. 수백만 달러의 계약 체결에 도움을 준 만큼 약간의 급여 인상 정도는 무난하리라고 생각하면서 말이다. 하지만 그는 나에게 평생 잊을 수 없는 반응을 보여 주었다.

"제안서를 살펴보신 건 아는데, 본인은 거기에 얼마나 기여했다고 생각하세요? 우리는 당신이 작성한 내용을 그다지 많이 활용하지 못했어요."

와, 제대로 한 방 먹었다. 완전히 나가떨어져 버렸다. 당황스럽기 짝이 없었다. 내가 작업한 내용을 사용하지 않을 것이라면 애초에 운영책임자가 나에게 도움을 요청한 이유는 대체 무엇이란 말인가? 내가 정리한 내용이 딱히 훌륭하지 않아서였을까?

그날 오후, 내가 작업한 내용이 제안서에 얼마나 수록되었는지 살펴보기 위해 계약 담당자가 보낸 최종본을 검토했다. 내가 관여한 기술 부문을 읽으면서 입이 딱 벌어졌다. 피가 거꾸로 솟는 듯했다. 회사는 내가 정리한 내용을 활용한 것을 넘어 토씨 하나 바꾸지 않고 그대로 옮겨 놓은 수준이었다. 내가 세부적으로 정리한 기술적 내용에 대한 부분이 통째로 들어 있었다.

혹시라도 내가 잘못 짚었나 싶어 한 달 전에 받은 편집본을 다시 꺼내 확인했다. 역시나 내가 보낸 내용의 80%가 담겨 있었다. 그것도 복사 후 붙여넣기 수준으로 말이다. 결국 나는 계약을 따내는 데 상당한 영향을 미쳤음에도 아무런 인정도 받지 못했다.

도대체 이유가 뭘까? 운영책임자는 내 글의 대부분을 활용하지 않았다고 했지만, 이는 사실이 아니었다. 내가 쓴 글이 제안서에서 큰 비중을 차지한 게 확인되었다.

나는 화가 나면서도 그날의 일을 어떻게 받아들여야 할지 혼란스러웠다. 운영책임자가 나를 농락한 걸까? 내가 얼마나 기여했는지 몰랐던 걸까? 아니면 내가 자격이 있는데도 급여 인상을 회피하려 얄팍한 수를 쓴 걸까?

이 시점에서 나는 감정적으로 중요한 결정을 해야 했다. 앞으로의 행보를 놓고 남은 하루를 내내 고민했다. 나중에 후회할 결정을 하고 싶지는 않았다. 과거에도 이와 비슷한 상황에 놓인 적이 있었는데, 썩 즐거운 기억은 아니었기 때문이다.

한편으로는 화를 억누르고 그냥 입을 다물 수도 있었다. 급여 인상 이야기를 꺼내기에는 부적절한 시기일지도 몰랐다. 이런 때 괜히 소동을 피웠다가 내 평판만 나빠지는 것은 아닐까 싶었다.

하지만 다른 한편에서 생각해 보면 내가 그 문서를 작성한 것은 사실이다. 그러한 나의 노력이 회사에 매우 유익한 계약을 체결하는 데 부분적으로나마 도움을 주었다. 그런데도 그냥 넘어가야 할까, 아니면 이의를 제기해야 할까? 그래도 그냥 넘어갈 수는 없었다. 할 말은 해야 했다.

내가 할 수 있는 가장 전문가다운 방법은 운영책임자에게 나의 글이 토씨 하나 바뀌지 않고 최종 계약서에 수록되었다고 말하는 것이었다. 그리고 한 달 전에 제출한 편집본과 최종 제안서를 함께 보여 주었다. 그는 최종 계약을 체결하는 데 끼친 나의 영향력을 인정하지 않을 수 없었다. 이는 그 일이 흐지부지되지 않도록 나의 의사를 확실하게 표현한 덕분이었다.

결국 사과와 함께 급여 인상이 이루어졌다. 알고 보니 운영책임자는 내가 작업한 부분이 얼마나 반영되었는지 알지 못했다. 순전히 그의 실수였던 것이다.

이상과 같이 모든 일이 순조롭게 해결되는 것은 아니다. 그러나 직장에서 자신의 의사를 분명하게 표현하는 일은 곧 부자가 자신의 공로를 인정받고, 그에 따른 합리적인 보상을 받기 위해 늘 활용하는 기법이다. 성과를 인정받으려는 것은 결코 이기적인 행동이 아니다. 오히려 진취적인 태도이다.

타인의 인정은 자신의 가치를 입증하는 일이므로 급여 인상과 승진을 비롯하여 다른 기회를 향한 자격을 얻는다. 직장에서의 모든 성과는 결승선을 향해 한 단계씩 나아가는 것과 같다. 성과를 내고도 인정받지 못하면 다음 단계로 나아갈 수 없다. 따라서 의사 표현을 확실하게 하지 않으면 누구도 당신을 옹호해 주지 않는다는 점을 명심하자.

> **실행전략** 건전한 이기주의를 실행하는 방법
>
> **1단계: 돈 관리**
>
> 　청구서를 처리하거나 재산을 늘리는 일은 당신이 아니면 책임질 수 없다. 식당에서 한턱내거나, 친구에게 돈을 빌려주거나, 한 달이 지나면 그대로 옷장에 처박힐 하찮은 것에 지출하기 전에 항상 재정 건전성을 고려해야 한다. 재정적 이기주의 5대 지주는 당신이 돈 걱정을 다시는 하지 않도록 도와줄 것이며, 이들 전략을 실천하는 것이야말로 당신이 내릴 최선의 결정이다.
>
> **2단계: 신체 건강 관리**
>
> 　건강한 사람은 운동을 전혀 하지 않는 사람보다 활동적이고 자신감이 넘치며 행복하다. 알코올 섭취를 줄이고 싶다면 술 약속을 거절해도 괜찮다. 주말이라는 이유로 새벽 2시까지 함께 한잔하자는 제안에도 감사하지만 사양한다고 말할 수 있어야 한다. 이처럼 몸을 건강하게 관리하면, 당신의 몸이 당신에게 그만큼 보답할 것이다.
>
> **3단계: 정신 건강 관리**
>
> 　정신 건강은 돈을 버는 것에서 행복에 이르기까지 당신의 삶 전반에 깊은 영향을 미친다. 필요하다면 조용히 혼자만의 시간을 보내도록 하자. 무언가 잘못되었다는 생각이 들면 어떤 식으로든 표현하고, 도움이 필요할 때는 대화할 사람을 찾자. 정신적으로 강인한 사람은 부자가 되기도 쉽다.

4단계: 경력 관리

직장에서 의사 표현을 확실하게 하자. 더 많은 급여를 받을 자격이 있다면 당당하게 요구하자. 일과 생활의 균형이 어긋나고 가족과 보내는 시간이 부족할 때는 상사나 인사부와 대화하자. 성과를 인정하지 않는데도 잠자코 있어서는 안 된다. 좋은 기회는 그리 자주 찾아오지 않으니, 기회가 왔을 때 이를 적극적으로 활용해야 한다.

제3장

자기만의 차별점 만들기

솔직히 말하자면 더 많은 돈을 벌기란 분명 어려운 일일 것이다. 하지만 더 많은 돈을 버는 것은 재정적 자립을 달성하는 데 매우 중요한 요소이며, 부자라면 대부분 그 방법을 잘 알고 있다. 그렇다면 수입을 늘리는 일이 부자가 되는 데 왜 중요한 것일까? 바로 당신이 벌어들이는 돈의 소비력(spending power)을 인플레이션이 갉아먹기 때문이다.

인플레이션이란 시간의 경과에 따라 상품과 서비스의 가격이 상승하면서 돈의 소비력을 감소시키는 현상을 이른다. 공급과 수요, 재정 정책 등 여러 요인이 인플레이션율에 영향을 미친다. 여기서 인플레이션에 대한 장황한 설명으로 당신을 지루하게 할 의도는 없다. 다만 인플레이션은 당신이 벌어들이는 수입의 가치를 떨어뜨리므로, 매년 급여를 인상하는 것이 필수라는 점을 기억하기 바란다.

집값을 예로 들어 보자. 2000년 미국 주택 가격의 중간값은 119,600달러였다. 최근에는 380,000달러 선에서도 고점에 이르렀으며, 여전히 상승 추세에 있다. 산술적으로 계산하더라도 요즘에 주택 한 채를 구입하려면 2000년도 대비 세 배 이상의 비용이 든다. 인플레이션이 작용한 결과이다.

목표: 급여 액수를 연간 인플레이션율보다 높이자!

급여를 얼마나 많이 올려야 하냐고 반문할 수도 있다. 1960년부터 2021년 사이의 평균 인플레이션율은 3.8%였다. 이 기간의 총 인플레이션율은 800%를 초과한다. 즉 급여가 매년 3.8%씩 인상되지 않으면 결과적으로 소비력 감소에 따라 실질적인 급여가 삭감되는 것과 같다는 의미다. 이는 상품과 서비스의 가격이 당신의 급여 인상 속도보다 빠르게 상승한다는 것이다. 따라서 지속적으로 수입을 늘리는 것이 얼마나 중요한지는 새삼 강조할 필요도 없다.

다음은 미국 노동 통계국의 인플레이션율 차트이다. 해당 차트에서 인플레이션율의 가파른 상승과 하락에 주목하자. 이 차트는 디플레이션(deflation), 즉 물가 하락이 드문 데 반해 상품과 서비스의 가격이 장기간에 걸쳐 상승하는 경우가 훨씬 흔하다는 사실을 입증하는 데 도움을 준다.

1967~2021년 현재 기법을 적용한 소비자 물가지수 소급 적용치(R-CPI-U-RS)의 연간 변화율[13]

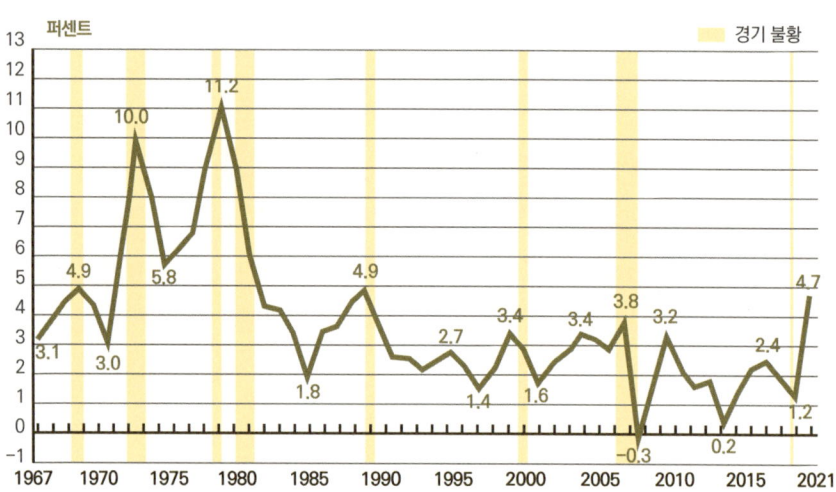

　내 연봉은 20대 후반에 여섯 자릿수에 도달했다. 당시에는 연봉이 100,000달러 이상이라면 고소득자로 간주하던 시절이었다. 당시 나는 급여가 높은 만큼 저축과 투자의 비중을 높일 수 있었다. 그 덕분에 30대의 나

13　미국 인구조사국은 노동통계국(Bureau of Labor Statistics, BLS)에서 발표한 도시 소비자의 소비자 물가지수 연구(이하 R-CPI-U-RS)를 1978년부터 2021년까지 활용하였다. 2021년에 들어 미국 노동통계국에서는 해당 연구의 명칭을 'CPI-U-RS'로 변경하였다. 한편 1967년부터 1977년까지의 데이터는 미국 노동통계국에서 제공하는 CPI-U-X1의 추정치를 활용하였다. CPI-U-X1은 CPI-U-RS 이전에 사용된 실험적 연구로, 1983년 이전의 주택 소유 비용 측정 시 현재의 임대가치 방식을 적용하여 CPI-U에서의 인플레이션율을 추정한 것이다. R-CPI-U-RS에 대한 자세한 정보는 'www.bls.gov/cpi/research-series/r-cpi-u-re-home.html'에서 확인할 수 있다.

　　　　　　　　　　　　　　　　　　　　　　　　　　　　출처: 미국 노동통계국

이에 미국의 경제계에서 은퇴해도 될 만큼의 재산을 형성했다. 물론 내가 회사에서 가장 유능하거나 영리하기 때문은 아니었다. 사실 나의 역량은 그동안 다녔던 직장을 통틀어 꽤 평범한 수준이었다.

내가 수입을 극대화할 수 있었던 이유는 직장생활 동안 마주친 중요한 기로에 잘 대처한 덕분이었다. 그리고 현명한 선택 덕분에 수입이 해마다 늘어났다.

몸값을 올리자

나는 직장생활 내내 주기적으로 회사를 옮기며 급여를 올렸다. 구체적으로는 3~4년 주기로 다른 일자리를 찾았다. 내가 몸담은 업종에서는 더 좋은 직장을 찾아 이직하는 경우가 드물지 않았다. 덕분에 나의 급여는 인플레이션율보다 훨씬 빠른 속도로 증가했다.

한 연구에 따르면 직장을 옮기는 사람들의 임금상승률은 기존 직장에 계속 머무르는 사람들에 비해 약 50% 정도 높은 것으로 나타났다.[14] 무려 50%나 말이다. 나의 경험 또한 그 연구 결과와 일치했다.

그동안 내가 다녔던 회사에서는 인플레이션을 따라잡기 위해 생활임금을 보통 3~4% 수준으로 인상했다. 하지만 나는 여러 회사를 옮기던 기간 동

---

[14] Kolmer, C. "26 Average Salary Increase When Changing Job Statistics." Zippia (2023). https://www.zippia.com/advice/average-salary-increase-when-changing-jobs.

안 대다수의 이직자처럼 10~15%의 급여 인상이 있었다. 동일한 회사를 계속 다니면서 받았을 생활임금보다 훨씬 높은 수준의 급여 인상이 이루어졌으므로, 나의 급여 인상율은 인플레이션을 가볍게 제쳤다.

15% 인상율이 4%보다 훨씬 나은 건 당연한 소리 아닌가. 그렇다면 누구나 직장을 옮길 때마다 15%의 급여 인상이 가능하다는 의미일까? 꼭 그렇지는 않다. 하지만 숫자는 거짓말을 하지 않는다. 그러나 평균적으로 커리어 내내 일정 주기마다 직장을 옮기는 사람이 한 직장에 오래 머무는 경우보다 많은 수입을 올린다.

누군가는 "하지만 스티브, 그렇게 자주 직장을 옮기는 건 어렵지 않나요?"라고 반문할지도 모르겠다. 물론 그렇다. 지나치게 잦은 이직은 취업 전망에 악영향을 미칠 수도 있다. 미래의 고용주가 당신을 1~2년 뒤에 떠날 사람이라고 간주하며 당신의 지원 서류를 거들떠보지 않을 수도 있다. 회사에서는 직원의 이직으로 발생하는 막대한 비용을 감당해야 하기 때문이다.

이직을 할 때는 그 횟수가 너무 지나치지 않은지도 신중하게 고려해야 한다. 정보기술 분야에서는 3~4년 주기로 직장을 옮기는 것이 일반적이다. 하지만 이는 업종이나 연공서열에 따라 달라지기도 하는데, 고위직보다 하위직에서 더 빈번하게 일어나는 편이다. 따라서 다른 회사에 이력서를 제출하기 전에 너무 잦은 이직으로 구직 기회를 망가뜨리지는 않을지를 신중하게 고려해야 한다.

본업만으로 부족하다면?

직장을 옮기거나 회사에 급여 인상을 요청할 필요 없이, 또는 직장생활이 충분히 만족스럽다면 굳이 급여 인상을 요청할 필요 없이 수입을 늘릴 수 있는 좋은 방법은 바로 부업이다. 좋은 부업으로 한 달에 500달러에서 5,000달러의 추가 수입을 얻을 수 있다. 이 잉여 자금은 당신의 저축과 투자 역량에 큰 차이를 만들 수 있다.

명칭에서도 직감할 수 있듯이 부업(side hustle)이란 근무 시간 외, 즉 야간이나 주말에 하는 일을 말한다. 부업은 여가를 모두 할애하지 않고도 정규 근무 시간 외에 부가 수입을 창출하는 데 목적이 있다. 이를 통해 인플레이션을 따라잡는 데 필요한 추가 수입을 얻을 수 있다.

예컨대 당신이 연봉 80,000달러의 정규직 직장인이고, 연간 인플레이션율은 4%라고 가정해 보자. 1년 뒤에는 구매력(purchasing power)이 4% 감소할 것이다. 즉 인플레이션을 따라잡기 위해서는 3,200달러(=80,000×0.04)를 더 벌어야 한다는 뜻이다. 따라서 연간 3,200달러 또는 그 이상의 부가 수입을 창출할 수 있는 부업이 있다면 당신의 구매력을 그대로 유지할 수 있다.

또한 나만의 작은 사업을 부업으로 시작할 때 체감할 수 있는 또 다른 장점이 있다. 부업은 갑작스레 본업을 잃었을 때를 대비하는 안전망의 역할을 한다. 그렇기에 일이 계획대로 풀리지 않을 경우를 대비하여 보완책을 준비할 필요가 있다. 수익성 높은 부업은 다른 본업을 구하기까지 각종 청구서를 해결하고, 지출을 충당하는 데 필요한 부가 수입원이 되어 준다.

그리고 부업은 정규직으로 일하는 직장 밖에서도 목적의식과 성취감을 제공한다. 그리고 취미를 수익성 있는 작은 사업으로 전환함으로써 일을 더 적극적으로 즐길 수 있다. 이외에도 부업은 본업이 될 수 있는 잠재력을 지니고 있다.

창업에 대한 깊이 있는 논의는 이 책의 범위를 벗어난 내용에 해당한다. 하지만 다수의 부자가 부업을 진행하는 과정을 대략이나마 소개할 필요는 있을 듯하다. 다음은 당신만의 사업을 시작하기 위한 6단계 지침이다.

1단계: 최소 1년의 시간을 약정하자

그만두는 건 참 쉽다! 그렇지 않은가? 너무너무 쉽다.

포기하고 다른 일을 알아보기 전에 적어도 1년 동안은 자신을 이 작은 사업에 집중하도록 격려하자. 나는 불과 몇 개월 만에 포기하는 사람들을 수도 없이 보아 왔다. 사업 아이디어의 성공 여부를 판단하기에 몇 개월은 너무 짧은 시간이다.

또한 부업으로 단기간에 돈을 버는 경우는 매우 드물다는 사실도 명심해야 한다. 수익이 발생하기까지는 어느 정도의 시간이 필요하다. 너무 이른 포기는 부업이 수익성 있는 사업으로 전환될 시간을 주지 않는 것과 같다.

2단계: 수익 창출을 위한 당신만의 강점을 찾아내자

어떠한 유형의 사업을 할 것인지 고민된다면, 먼저 당신이 잘할 수 있는 일부터 찾은 다음부터 역으로 계획을 세우는 것도 좋은 방법이다. 예를 들어 야외에서 일하는 것을 좋아하는 사람이라면 조경이나 마당 관리 등이 제격일 수 있다. 사람들은 잔디를 깎고 마당을 관리하는 데 꽤 많은 돈을 쓰기 때문이다.

그리고 이웃의 반려견을 산책시키는 것만으로 시간당 15~20달러를 벌기도 한다. 사람들은 반려동물에게도 많은 비용을 지출한다. 어떤 부업을 시작할지 아직도 확신이 없다면, 당신의 창의력을 북돋우기 위해 다음에 제시된 20가지 아이디어를 참고하자.

교육
내가 잘 아는 내용을 배우고 싶어 하는 학생과 함께 일한다.

프리랜서 작가
블로그 게시물, 기사, 마케팅 자료, 기타 문서 작업을 필요로 하는 사람들을 위해 콘텐츠를 제공한다.

그래픽 디자인
로고, 배너, 기타 시각 콘텐츠를 디자인한다.

소셜 미디어 관리
시간이나 전문성이 부족한 개인과 기업을 위해 소셜 미디어 계정을 관리한다.

웹 개발
온라인 시장에서의 입지가 필요한 사업체를 위해 웹사이트를 구축한다.

반려견 산책 또는 반려동물 돌보기

주인 부재 시 사랑스러운 반려동물을 돌본다.

청소

직접 청소하기 어려운 사람들을 위해 집이나 사무실을 청소한다.

개인 쇼핑 비서

시간이 없거나 쇼핑하기 어려운 사람들을 위해 옷이나 액세서리 등을 찾도록 돕는다.

이벤트 기획

파티, 결혼식 등 다양한 이벤트를 기획한다.

통번역

문서를 번역하거나, 사람들이 서로 다른 언어로 소통하도록 돕는다.

이미지 제작

웹사이트나 소셜 미디어 계정에 사용할 이미지가 필요한 고객들을 위해 이미지를 제작한다.

팟캐스트 제작

팟캐스트 제작 및 편집을 돕는다.

가상 비서
바쁜 전문직 종사자들의 이메일, 일정 및 기타 반복 업무 또는 일상적인 행정 업무 관리를 돕는다.

온라인 코칭
역량을 계발하고 목표를 달성하고자 하는 사람들에게 코칭 서비스를 제공한다.

개인 트레이닝
체형 관리 트레이닝이나 체중 감량 식단을 제안하여 사람들의 삶을 변화시킨다.

음식 배달
식료품을 구입하여 가정과 회사로 배달한다.

잔디 관리
당신이 거주하는 주변 지역의 잔디를 깎고 정원 관리를 돕는다.

유지관리 서비스
배관, 전기 등의 수리 및 유지 보수 작업으로 도움이 필요한 사람들에게 당신의 능력을 제공한다.

음악 지도
악기 연주를 배우려는 사람들을 지도한다.

자동차 디테일링(Car detailing)
자동차를 새것처럼 보이게 하고 싶은 사람들을 위해 세차와 광택 등의 디테일링 서비스를 제공한다.

3단계: 시장조사를 통해 당신의 아이디어를 검증하자

사업 아이디어에 깊이 파고들기 전에 대략적인 시장조사를 통해 당신의 상품이나 서비스에 사람들이 기꺼이 비용을 지불할 것인지를 확인해야 한다. 예를 들어 동네에서 반려견 산책 사업을 시작한다고 가정하자. 아이디어를 검증할 때, 점검해야 할 사항이 몇 가지가 있다.

- 우리 동네에 반려견을 키우는 사람들이 있는가?
- 그 사람들은 강아지를 산책시키는 데 비용을 지불할 의사가 있는가?
- 우리 동네에서 이미 해당 서비스를 제공하는 사람이 있는가?
- 그러한 서비스가 이미 존재한다면 그들이 받는 비용은 얼마인가? 그렇다면 내가 더 적은 비용으로 더 나은 서비스를 제공할 수 있는가?

경쟁자가 있는지 확실하지 않을 때는 인터넷으로 당신이 사는 지역의 반려견 산책 서비스를 검색하면 된다. 그리고 가격, 영업시간, 이용자 평가와 함께 사업을 성공적으로 이끌고 있는가를 확인해 보자.

경쟁이 적을수록 당연히 성공 확률도 높다. 그러나 반려견을 산책시키는 다른 사업자를 발견하더라도 낙담할 필요는 없다. 당신의 목표는 누구도 시도하지 않는 일을 찾는 게 아니라 다른 사업자와의 서비스 차별화에 있다.

동일한 서비스를 더 낮은 가격에, 아니면 같은 가격에 더 훌륭한 서비스를 제공할 수도 있다. 이처럼 경쟁자와 당신을 차별화할 방법은 매우 다양하다. 모든 사업은 이러한 과정을 거친다는 사실을 기억하자.

4단계: 당신의 아이디어를 검증할 첫 유료 고객을 찾자

당신의 창업 아이템이 좋은 아이디어로 판단된다면 이제 첫 유료 고객을 찾아야 할 때다. 아직은 당신이 반려견 산책 사업을 한다는 사실을 이웃 사람들이 잘 모를 수 있다. 그렇기에 첫 고객을 유치하려면 주변에 물어보는 것이 좋다.

반려동물을 키우는 친구들에게 잠시나마 여유를 되찾기 위해 돈을 주고 반려견 산책을 맡길 의사가 있는지 물어보자. 전단지도 활용하자. 첫 유료 고객을 확보하기 위해 어떤 일이든 시도하자.

처음에는 무료로 서비스를 제공하면 어떨까 하는 생각이 들 수도 있다. 하지만 그래서는 안 된다. 이 단계의 목표는 돈을 주고 반려견 산책 서비스를 이용할 의사가 있는 사람들을 찾아내는 데 있다. 따라서 무료로 서비스를 제공해서는 안 된다.

첫 유료 고객을 확보한 뒤에는 당신의 아이디어가 현실적인지 재확인할 필요가 있다. 이에 다음과 같은 질문을 고려해 보자.

- 당신은 다른 사람의 반려견을 산책시키는 일을 좋아하는가?
- 퇴근 후나 주말에 하려고 찾던 일에 속하는가?

- 당신이 책정한 서비스 가격에 사람들이 만족하는가?

위의 질문에 모두 "예"라고 대답할 수 있다면 이제 당신은 첫 부업 아이디어가 생겼다고 할 수 있다. 물론 "아니요"라는 대답이 나와도 상관없다. 당신에게 맞는 부업을 찾을 때까지 계속 시도해 보자.

5단계: 이제 사업을 시작하자!

당신은 이제 본격적으로 사업의 첫발을 내딛는 단계에 진입했다. 아이디어도 검증도 끝났고, 첫 유료 고객도 찾았다. 또한 사업 아이디어가 타당하다는 확신도 얻었다.

이제부터는 당신의 모든 것을 걸어야 할 때다. 이는 곧 아이디어에 전적으로 매진한다는 의미와도 같다. 이 과정에서 자신을 "나는 이 일에 성공하고 말겠어!"라는 말로 격려해야 한다. 당신의 아이디어가 빛을 발할 때다. 다만 다음 사항과 같이 당신이 고려해야 할 것이 있다.

브랜딩(Branding)

로고, 웹사이트, 명함, 개인화된 도메인을 사용한 이메일 주소(예: username@yourcompany.com) 등이 모두 당신의 소규모 사업 브랜드를 구성하는 요소들이다. 일부 업종에서는 그렇지 않겠지만, 브랜딩이 필수인 업종도 많다. 최소한 잠재고객에게 제공할 명함이나 브로슈어 정도는 준비하자.

고객 찾기

유료 고객을 많이 확보하는 것이야말로 사업이 번창하는 유일한 길이다.

그러니 브랜딩 자료의 이점을 최대한 활용하자. 친구들에게 명함을 나눠 주고, 온라인이나 지역 신문에 광고도 올려 보자. 또한 유료 고객을 소개한 친구에게 소개비도 지급하자.

프로세스 구축하기

누군가 당신에게 서비스를 요구할 때는 어떻게 대처해야 할까? 고객 프로세스란 시작부터 마무리까지 전 과정에 걸쳐 깔끔하고 전문적이어야 하겠지만, 이 단계에서 시행착오가 있을 수 있다. 그래도 괜찮다. 프로세스를 구축하여 일관성 있게 진행하는 것이 중요하니까 말이다.

그 예로 먼저 일을 착수하기 전에 보증금을 요구할 것인지부터 고민해 보자. 다음으로 규모가 큰 프로젝트일 경우 진행 과정에서 고객과 함께 진행 상황을 검토할지를 고려하도록 하자. 마지막으로 일이 마무리된 뒤에 고객에게 서비스 이용에 긍정적인 평가나 후기를 요청할 것인가를 생각해야 한다.

성공의 기준점 설정하기

새로운 부업의 장단기 목표를 수립하자. 이를테면 연말까지 매달 250달러의 수입을 얻고 싶다거나, 내년 이맘때까지 최소한 30명의 고객 유치를 목표로 할 수 있다. 이처럼 현실적이고 달성 가능한 수준의 기준점을 설정해야 한다. 부업을 시작하자마자 한 달에 10,000달러의 수입은 비현실적이지만, 250달러 정도라면 가능하다.

> **6단계: 주기적으로 점검하자**

일이 제대로 진행되고 있는지, 여전히 일이 즐거운지를 수시로 점검하자. 가능하면 배우자와 가족도 참여토록 하여 모두의 의견에 귀를 기울이자. 초창기에는 매달 점검하는 것이 좋고, 그다음에는 분기별로 하는 것이 적당하다. 그 후에는 1년에 최소 1회 정도 점검하도록 하자. 점검 시간에는 자신에게 다음 질문을 해 보자.

- 가격이 합리적인가?
- 여전히 이 사업을 유지하고 싶은가?
- 이 사업에 나의 시간을 너무 많이 빼앗기지 않는가?
- 일과 생활의 균형에 부정적인 영향을 끼치지는 않는가?
- 투입한 시간에 걸맞게 충분한 수입을 올리고 있는가?

위 질문을 통해 당신의 사업과 근무 시간을 조율하여 부업이 당신과 가정에 최선이 되도록 하자.

연봉 협상은 용의주도하게

직장에서 수입을 늘리려면 급여 인상을 요청하는 것이 일반적으로 가장 손쉬운 방법이다. 하지만 말은 쉬워도 실제로 요구하기는 만만치 않다. 그리고 이 문제로 자칫 극도로 예민해질 수도 있다.

언젠가 급여를 적게 받던 동료의 급여 인상 문제를 상담한 적이 있다. 그는 다른 동료에 비해 돈을 적게 벌어 씁쓸해하면서도 급여 인상을 요청하는 것에는 반대했다. 내가 이유를 묻자 그는 "거절당할까 봐 못 하겠어."라고 말했다.

그가 예민해진 이유는 급여 인상을 요청하는 것 때문이 아니었다. 거절당했을 때의 난처한 상황이 너무 염려스러웠기 때문이다. 그 동료는 매사에 불만이 많거나 이기적인 팀원처럼 보이는 것을 싫어했다. 하지만 이러한 탓에 그의 경력 관리는 뒷전으로 밀려났다. 급여 인상을 요청하지 않은 탓에 평생 받을 잠재 수입의 규모를 스스로 줄이고 있었다.

제1장에 제시한 급여 추이표를 기억하는가? 내 동료는 정당한 보상을 요구하지 않은 바람에 저임금 궤도에서 벗어나지 못했다. 이에 따라 그는 다가오는 은퇴 이후의 생활에도 부정적인 영향을 미칠 것이다.

자신의 가치에 합당한 대가를 받는 것이 얼마나 중요한지는 두말할 것도 없다. 급여가 합당하지 않을 때 더 많이 요구하는 것은 부정적인 의미에서의 이기적인 행동이 아니다. 오히려 진취적인 행동이다. 진취적인 사람은 뒤로 물러나서 만사가 공평해지기를 바라는 사람보다 훨씬 많은 돈을 벌 수 있다. 기다림만으로 일이 풀리는 경우는 극히 드물다.

자신의 가치에 맞는 대가를 받으려면 반드시 요구해야 한다. 이와 관련하여 직장에서 급여 인상을 요청하는 방법으로는 다음과 같은 것들이 있다.

tip 연봉 협상 준비하기

직장에서의 연봉 협상은 대단히 긴장되는 경험이다. 나 또한 처음으로 급여 조정을 요청할 때 얼마나 긴장했는지 지금도 또렷이 기억난다. 상사가 거절하거나 나를 하찮게 볼까 봐 진땀을 뺐던 적도 있었다. 하지만 좋은 회사는 직원들을 공정하게 대우한다는 점만큼은 기억하자. 좋은 회사는 유능한 직원의 가치를 잘 알기에 직원을 잃지 않으려고 노력한다. 이에 올바른 급여 조정을 요청하는 방법은 다음과 같다.

1단계: 그동안의 성과를 정리하자

당신이 그동안 거둔 주요 성과와 수상 실적을 모두 기록하자. 예를 들면 다음과 같다.

- 대형 프로젝트를 맡아 기대 이상의 성과를 거둔 적이 있는가?
- 고용 시점보다 더 많은 업무를 담당하고 있는가?
- 고객 평가에서 높은 점수를 받았는가?
- 매출 신기록을 세웠는가?

위와 같이 급여 인상을 요청할 때는 그 근거를 제시해야 한다. 당신이 회사의 소중한 자산인 이유를 입증하여 회사 측의 승낙을 끌어내야 한다. 그 증거가 바로 당신의 성과이다. 이에 여유를 가지고 하나씩 적어 보자.

2단계: 당신이 바라는 수준을 결정하자

많은 이들이 급여 인상을 요청했다가 "얼마나 인상하길 바랍니까?"라는 상사의 질문에 말문이 막힌 채 얼어붙고 만다. 하지만 그 질문에 "잘 모르겠습니다."라는 대답은 바람직하지 않다. 그러한 대답은 당신이 대화할 준비도, 대비도 하지 않았음을 의미한다. 급여 인상을 요청할 때는 정확한 수치를 말해야 한다.

하지만 정확히 얼마 정도를 얘기해야 할지 잘 모를 수 있다. 그렇다면 지금 우리가 하려는 것이 협상이라는 사실을 기억하자. 그러니 당신이 원하는 수준보다 조금 높게 말하는 것이 현명하다. 그러면 회사에는 급여 인상 폭을 조절할 여지를 주면서 당신이 원하는 급여 수준을 지킬 가능성을 높인다. 급여 인상 폭에 영향을 미치는 요소는 다음과 같다.

- 당신의 최근 급여
- 직장에서의 근속 기간
- 현재 직무에서의 근속 기간
- 업적평가 및 실적

내가 일반적으로 추천하는 수준은 현재의 급여 수준보다 적어도 10~15% 이상이다. 예를 들어 현재 연봉이 75,000달러라면 7,500~11,000달러 정도를 요구할 수 있다. 조금 많은 듯한 느낌도 들겠지만, 인상액을 조정할 여지를 회사에 준다는 점도 기억하자.

5,000달러를 원한다면 7,500달러를 희망한다고 상사에게 말하자. 상사가 예상보다 적은 금액, 예컨대 4,000달러나 4,500달러 정도를 제시하더라도 원래 당신이 요구한 금액과 큰 차이는 없다. 반면 5,000달러를 언급하면 회사에서 2,500달러나 그 이하를 제시할 수도 있다. 따라서 당신이 원하는 수준보다 조금 높게 불러야 한다.

3단계: 상사와의 면담 일정을 세우자

이 단계에서는 타이밍이 매우 중요하다. 입사 이래로 아직 첫 연례 업적평가를 받지 않았거나, 근무한 지 1년도 채 지나지 않았다면 성급하게 행동해서는 안 된다. 또 회사에서 정리해고를 진행하는 상황이라면 좋은 시기라고 할 수 없다.

가능하면 대면하여 급여 인상을 요청하는 것이 좋다. 중요한 대화일수록 직접 만나는 것이 중요하다. 물론 거절할 때는 대면하는 것보다 이메일이 쉽다. 이때라면 급여와 관련하여 대화를 요청하는 내용의 이메일을 상사에게 보내자. 상사가 바쁠 때는 피하고, 되도록 여유로운 시간을 정하여 면담의 성사 가능성을 높여야 한다. 이메일은 다음과 같은 내용으로 작성할 수 있다.

○○님, 안녕하십니까?

저는 올해 무척 열심히 일했습니다. 그래서 초과근무에 따른 보상을 논의하기 위해 면담 일정을 잡았으면 합니다. 이 문제와 관련하여 금요일에 시간을 낼 수 있으신지요?

4단계: 당신의 요청을 확실하게 전달하자

말할 내용을 사전에 연습, 메모하여 면담 장소로 가져가는 것도 좋다. 그 자리에서 거창하게 파워포인트 프레젠테이션을 하는 건 아니니 크게 염려할 필요는 없다. 그냥 상사와 평범하게 대화를 나누는 자리일 뿐이다. 상사와 면담을 할 때는 다음과 같이 말할 수 있다.

시간 내어 주셔서 감사합니다. 그동안 저는 신규 고객 서비스 계획을 주도하고, 신입사원에게 소프트웨어 교육을 하는 등 주어진 직무 외에도 다양한 업무를 수행했습니다. 이에 따라 급여 조정 문제로 잠시 드릴 말씀이 있습니다.

아울러 방금 말씀드린 업무 외에도 저는 고객에게서 높은 평가를 받았으며, 그 고객 가운데 상당수는 문제가 생겼을 때 신뢰할 수 있는 저에게 먼저 문의합니다. 그리고 저는 지난 6개월 동안 새로운 소프트웨어 제품을 개발하느라 50시간 이상을 초과하여 근무했습니다. 이런 저의 노력에 걸맞게 제 급여를 ○달러 인상해 주시기를 희망합니다.

또 다른 예를 보자.

제 급여 문제로 이렇게 시간을 내어 주셔서 감사합니다. 마지막으로 급여를 조정한 이후 1년 이상이 지났고, 이 분야에서 저와 비슷한 일에 종사하는 사람들의 급여는 ○달러인데, 제가 받는 것보다 많다는 사실을 알게 되었습니다. 이에 저는 최근 업적평가도 훌륭했고, 맡은 업무에서도 항상 기대 이상을 해내고 있습니다.

예를 들면 최근에 일정 관리 소프트웨어와 관련된 심각한 문제를 해결하여 동료들이 고객들과의 일정 관리 문제를 해결하는 데 드는 시간을 크게 줄였습니다. 또 작년부터는 고객들과 우리 사이의 만남을 조율하는 등 더 많은 책임을 수행해 왔습니다. 따라서 저는 적어도 5% 이상의 급여 인상에 대해 논의했으면 합니다.

또한 인상 요청을 승인하는 사람은 당신의 상사가 아닐 수 있다는 점도 고려해야 한다. 상사는 당신의 요청에 답하기 전에 면담 내용을 상부에 보고해야 할 수도 있기 때문이다. 이는 일반적인 상황이므로, 그러한 일이 일어나도 낙담할 필요는 없다. 그러나 일주일이 지나도 답변이 없을 때는 다시 연락해야 한다.

그런데 투자는?

이 장에서 투자에 대한 언급이 없다는 사실에 의아할 수도 있겠지만, 그럴 만한 이유가 있다. 물론 투자는 재산을 형성하는 데 필수적이면서도 훌륭한 방법이다. 그러나 이 장에서는 급여와 부업을 통해 수입을 늘리는 부분만을 다루었다. 올바른 투자 방법과 투자를 손쉽게 하는 방법 등 투자 전반에 관한 내용은 나중에 깊이 있게 다룰 것이다.

실행전략   수입을 극대화하는 방법

1단계: 구직 시장 조사하기

이직할 생각이 전혀 없더라도 업계의 동향 및 당신과 비슷한 직무의 급여 수준을 자주 살펴보는 것이 현명하다. 딱히 이직할 계획이 없더라도 다른 회사의 채용 공고에 기재된 급여의 액수가 높다면, 현 직장에서도 급여를 높일 수 있다.

2단계: 부업 시작하기

정규직과 더불어 부업을 시작하는 것도 수입을 늘릴 훌륭한 방법이다.

3단계: 급여 인상 요청하기

직장에서 받는 급여가 충분치 않다고 생각될 때는 주저하지 말고 인상을 요청해야 한다. 평판이 좋은 회사라면 직원들의 급여를 공정하게 지급하고 싶어 한다. 또한 급여 비교를 위해 타 회사에서의 유사 직무 대우 수준에 관한 실태 조사도 필요하다. 아니면 현 직장에서 추가로 맡은 직무도 급여 조정의 근거가 될 수 있다.

제4장

'나'를 위해 현재를 투자하기

지출하고 남은 것을 저축하지 말고,
저축하고 남은 것을 지출하라.

- 워런 버핏 -

    예산 관리를 싫어하는 사람들을 위해 가장 편리한 최고의 자금 관리 기법을 한 가지 소개하도록 하겠다. 이 기법을 활용하면 지출 내역을 일일이 추적할 필요도 없다. 'Pay Yourself First', 즉 '나를 위한 지출' 계획에 따라 다른 곳에 지출하기 전에 저축과 투자 계좌에 우선적으로 입금할 수 있다. 그리고 남은 급여는 거의 공돈처럼 느끼면서 죄책감 없이 사용할 수 있다.

    그 내용을 자세히 설명하기 전에 일반적으로 돈을 관리하는 방법부터 살펴보자. 대부분 지출부터 먼저 하고, 남은 돈은 저축이나 투자에 사용한다. 즉 온갖 청구서의 대금을 지불하고, 물건을 사는 등 생계비에 먼저 지출한 뒤에 남는 돈이 있을 때 저축이나 투자에 쓴다는 것이다. 이는 해당 계획에 역행하는바, 재산을 늘리려면 더 엄격한 규칙이 필요하다. 모든 비용을 지불한 후에는 남는 돈이 많지 않을 것이기에 저축과 투자 역량도 크게 감소한다.

나 역시 성인기의 절반 동안 위와 같은 방식으로 급여를 허비한 적이 있었다. 당시 나는 월급을 받자마자 지출할 곳부터 찾았다. 그 무렵에는 사진이 취미였기에 신형 카메라와 렌즈를 살 때가 많았다. 그런데 사진 장비는 가격이 만만치 않았다.

외식도 특별한 행사가 아닌 일상이었다. 나는 고액의 연봉을 받는 소프트웨어 엔지니어로서 남보다 나은 삶을 누릴 만한 능력이 있었기에 직장생활 초창기를 대부분 외식으로 해결했다. 게다가 지난 3년 동안은 거의 매 끼니를 외식으로 때웠다. 과장이 아니라 매일 점심과 저녁을 그렇게 해결했다.

그러다 보니 체중이 점차 늘기 시작했다. 그리고 요리를 하지 않아도 된다는 특권을 누리는 대신 어마어마한 돈을 지출해야 했다. 우스갯소리지만 그래도 긍정적으로 생각하자면, 나와 룸메이트가 3년간 가스레인지를 한 번도 사용하지 않은 탓에 내가 살던 집 가스레인지가 아파트에서 가장 깨끗했다.

그렇다고 내가 예산 관리를 전혀 하지 않은 것은 아니다. 나도 할 일은 했다. 달마다 월급을 쪼개어 각각의 지출 항목에 할당했다. 예컨대 월급이 2,000달러라면, 이 돈을 각 지출 항목에 배정하여 무엇에 얼마를 지출했는지 알 수 있도록 정리했다.

그러나 한편으로는 지출이 줄어든 항목의 예산을 빼돌려 쓰기도 했다. 지난달에 운전을 적게 해서 주유비 항목의 예산이 남았다면, 그 돈으로 내가 바라던 외식이나 다른 일에 전용했다. 그러니 주머니 사정이 넉넉할 수 없었다. 예산도 내가 원하는 것에 돈을 써 대는 일을 막지는 못했다. 정해진 예산대로 지출하는 것이니 잘못을 저지른다는 느낌도 없었다.

하지만 지금은 무엇이 잘못되었는지 잘 알고 있다. 그때의 나는 미래의 나에게서 돈을 훔치고 있었던 것이다. 결과적으로 과거의 내가 미래의 나를 향해 무슨 짓을 하고 있었는지 깨달았다.

그때 나를 위한 지출 계획을 알았더라면 어땠을까? 이 계획이라면 남는 예산이 전혀 없을 테니 나에게서 예산을 훔치거나 속이는 것도 사실상 불가능해진다. 지금부터 이 근사한 계획이 무엇인가를 살펴보도록 하겠다.

'나를 위한 지출'의 진정한 의미

지출 내역을 상세하게 기록하지 않고도 아무 죄책감 없이 원하는 것을 살 수 있다는 말을 당신에게 한다면 어떨까? 구미가 당기는가? 이것이 바로 나를 위한 지출의 원리이다.

나를 위한 지출 계획이란 다른 비용을 지출하기 전에 저축과 투자 목표를 우선시하는 기법을 말한다. 그 개념은 저축을 가장 중시함으로써 장기적인 재정 목표를 달성하고, 단기적인 욕구에 수입을 모두 지출하려는 충동을 줄일 수 있다는 발상에서 비롯된다. 해당 기법의 작동 방식은 다음과 같다.

재정 목표 설정하기

저축도 확실한 목표가 있으면 더 수월해진다. 예컨대 주택담보대출금을 갚는다거나, 아이를 대학에 보내거나, 해외로 꿈 같은 휴가를 떠나는 것 등이 목표가 될 수 있다. 장단기 재정 목표를 목록화하여 딸이 냉장고에 붙여

둔 '아빠가 술 마시는 그림' 옆에 가지런히 붙여 두자.

  각 저축 목표 옆에는 구체적인 금액을 수치로 표기해야 한다. 이를테면 해외여행에 10,000달러가 필요하다면, 그 액수를 그대로 적으면 된다.

저축 기준점 설정하기

  재정 목표를 설정한 후에는 각 항목별로 구체적인 저축 목표를 세워야 한다. 소득의 일정 비율이나 월별 고정 금액, 특정 금액 등으로 정할 수 있다. 예컨대 해외여행에 지출할 돈을 매달 급여에서 50달러씩 저축하거나, 아이의 미래 대학 학자금으로 월급의 10%를 적립하는 것도 좋은 방법이다.

  나는 저축 목표를 달성하기 위해 별도의 저축예금이나 머니 마켓 계좌(Money Market Account, MMA)를 주로 활용한다. 이처럼 돈을 별도로 관리하면 실수로 지출할 위험도 줄어든다.

저축 자동화하기

  은행 자동이체를 활용하여 매달 별도의 계좌에 일정 금액을 입금하자. 급여가 입금되는 개인 당좌예금에서 물리적으로 저축 금액을 미리 떼어 놓는다면, 저축할 돈을 실수로 지출하거나 빼돌리기가 더 어려워진다. 이러한 자동화의 위력은 제5장에서 더 자세히 설명하겠다.

투자 자동화하기

  직장에서 일반 퇴직연금 또는 로스 개인퇴직계좌를 제공하는 경우, 급여에서 자동 공제하여 장기 퇴직연금계좌에 투자하도록 하자. 직장에서 후원하는 투자 계좌를 이용할 수 없을 때는 은행 자동이체 방식으로 증권계좌나 다른 투자 형태로 적립하면 된다. 투자 선택지는 제6장에서 세부적으로 다룰 예정이다.

정직하게 지출하기

저축과 투자의 목표를 모두 충족한 후에 남은 급여는 원하는 대로 자유롭게 사용할 수 있다. 하지만 저축이나 투자금에서 돈을 빼돌려 스포츠팀의 시즌권을 사거나, 외식 또는 호화로운 휴가를 즐기는 등 필요하지 않은 곳에 지출하는 일은 반드시 막아야 한다. 나를 위한 지출 기법은 당신의 재정 목표에 맞게 지출하고, 그 계획을 꾸준히 유지할 때 비로소 제대로 작동한다.

경과 점검하기

저축과 지출 현황을 주기적으로 추적 관찰하여 당신이 설정한 재정 목표에 제대로 다가가고 있는지를 확인하자. 필요하다면 저축과 지출을 조정해야 한다.

나를 위한 지출 기법은 장기적으로 재산을 형성하고 재정적 안정을 달성할 수 있도록 도움을 준다. 저축을 우선시하면 금전적 스트레스를 줄일 수 있고, 장기적 목표를 향해 실천하고 있다는 마음의 평안을 얻을 수 있다. 이상의 과정이 실제로 어떻게 진행되는지 아직도 의문이 든다면 다음의 사례를 살펴보자.

> **tip** 나를 위한 지출 계획의 작동 원리

여기에서는 나를 위한 지출 기법을 적용하는 사례 하나를 소개하고자 한다. 당신의 매달 실수령 급여가 세후 6,000달러라고 가정해 보자. 당신은 나를 위한 지출 원칙에 따라 자유재량에 근거한 지출에 앞서 저축과 투자를 우선시한다. 이때 당신의 자금 관리 방식을 정리하면 다음과 같다.

1단계

목표를 설정한다. 재정 목표에 포함되는 내용으로는 최소 3개월분의 비상금 확보, 자녀의 대학 교육비 별도 적립, 미래의 주택 계약금 준비, 은퇴를 대비한 투자 등이 있다. 다음은 각 항목별 저축 내용이다.

- 비상금 확보에 300달러
- 자녀 대학 교육비 적립에 1,000달러
- 주택 계약금 준비에 200달러

다음은 기존의 투자 현황이다.

- 일반 퇴직연금과 로스 개인퇴직계좌 등 장기 퇴직연금 계좌에 수입의 20%: 1,200달러
- 인덱스 펀드 투자 계좌에 수입의 10%: 600달러

이상의 항목을 종합하면 당신의 저축과 투자 목표를 충족하기 위해 매달 적립해야 할 금액은 총 3,300달러이다.

2단계

저축과 투자를 손쉽게 처리하기 위해 자동화 시스템을 이용하여 매달 별도의 저축 및 투자 계좌에 자금을 이체한다. 비상금 계좌에 300달러, 자녀 대학 학자금 계좌에 1,000달러, 미래에 이사할 더 넓은 주택 계약금 계좌에 200달러, 투자금 계좌에 600달러 등 모든 저축 항목을 은행 자동이체로 설정한다. 그리고 회사의 급여 시스템을 이용하여 급여의 20%를 장기 퇴직연금 계좌로 공제한다. 자동화 시스템이 생소하더라도 염려할 필요는 없다. 자동화의 놀라운 위력은 제5장에서 더 깊이 있게 논의할 테니까 말이다.

3단계

저축과 투자 계좌로 자금을 이체하고 난 뒤, 나머지 수입을 임차료와 식료품비, 주유비, 기타 청구서 등 월별 지출에 사용한다. 이렇게 월별로 지출한 비용은 1,600달러이다.

단순 계산으로 보면, 당신은 매달 월급을 투자와 저축에만 3,300달러를 지출한다. 그리고 집에서 전기를 이용하고, 차에 기름을 넣고, 식탁에 음식을 올리는 등 매달 규칙적인 지출에 2,100달러를 쓴다는 것이다.

4단계

마지막 단계로, 이 단계가 우리 모두에게 가장 흥미로울 것이다. 바로 급여에서 남은 돈은 오락거리나 외식 등 원하는 대로 지출하는 것이다. 모두 합하면 매달 총 5,400달러의 자금으로 생계비와 저축, 장기 투자 등 이 모두를 완벽하게 해결했다. 그러고도 600달러가 남는다.

여기서 나를 위한 지출의 묘미가 등장한다. 즉 남은 600달러는 공돈이다. 죄책

> 감을 느낄 필요 없이 원하는 곳에 사용할 수 있다. 저축도 이미 충분히 했고, 투자 계좌에도 이체가 모두 완료되었다. 게다가 각종 청구서도 전부 해결했다. 모든 일을 처리했으니, 이제 남은 돈으로 인생을 즐기는 일만 남았다.

나를 위한 지출 기법을 처음 적용한다면 초기에 반복적인 과정이 될 것이다. 예를 들면 일상적으로 지출하던 곳에 사용할 돈이 부족하다는 것을 발견하게 된다. 이것이 꼭 나쁘다는 의미는 아니다! 불필요한 지출을 줄이는 것이야말로 장기적인 재산 형성을 위한 최고의 방법이다.

저축과 투자 목표에 충분히 지출한 뒤에도 더 많은 돈을 쓰고 싶다면, 다음과 같은 두 가지 방법 가운데 하나를 선택할 수 있다.

- 돈을 더 많이 번다(제3장에서 설명함).
- 돈을 덜 쓴다(제9장에서 설명할 예정).

솔직히 이 과정에서 불편한 점도 있을 것이다. 어떤 지출이 가장 중요하고, 무엇이 그렇지 않은지를 판단하는 일도 그렇다. 이 과정의 일환으로 불필요한 재량 지출을 줄일 필요도 있겠다. 이것도 나쁘지 않다. 지출을 줄이는 것은 재산 형성 과정에서 자연스러운 축에 속하기 때문이다.

때로는 지출도 현명한 선택이다

내가 해당 자금 관리 기법을 선호하는 이유는 쉬운 것도 있지만, 돈을 관리하는 과정에서 추측을 배제할 수 있어서이다. 또한 부자가 예산 없이도 재산을 늘리고 빚을 지지 않기 위해 사용하는 기법이기도 하다. 이 기법은 억만장자 투자자인 워런 버핏의 "지출하고 남은 돈을 저축하지 말고, 저축하고 남은 돈을 지출하라."라는 말에도 고스란히 녹아 있다.

그러나 이 방식이 누구에게나 옳다는 의미는 아니다. 이 기법이 적절하지 않은 때는 언제일까? 나를 위한 지출 기법이 당신에게 적절하지 않은 경우를 아래에 소개한다.

고금리 부채가 있을 때

신용카드 부채나 페이데이 론(payday loan)[15] 같은 고금리 부채는 언제나 투자보다도 먼저 처리해야 한다. 부채에 따른 이자는 저축의 잠재적 수익보다 높은 경우가 많다. 따라서 이러한 부채를 빨리 상환하는 것이 재정적으로 건강해지는 길이다.

부채가 있더라도 만약을 대비하여 저축하는 것도 좋은 생각이다. 그러나 갚지 않은 신용카드 부채는 높은 이자가 부과될 뿐 아니라 신용점수에도 악영향을 미친다. 그렇기에 신용카드 부채를 갚는 데 최대한 많이 지출하는 것이 현명하다.

---

15 급여를 담보로 한 고금리 대출을 말한다.

뜻밖의 지출이 있을 때

의료비나 자동차 수리비 등 긴급한 뜻밖의 지출이 있을 때는 나를 위한 지출을 실행하기보다는 그 비용부터 먼저 처리해야 한다. 이러한 유형의 지출에 대비하여 비상금을 따로 확보하는 것도 필요하다. 만약을 대비한 비상금이 있다면 부채로 재정 목표를 늦출 수밖에 없는 상황을 예방할 수 있다.

지붕 누수로 상당한 수리비가 필요한 상황을 가정해 보자. 수리비로 약 12,000달러가 들었다. 이를 신용카드로 지불했다면 당연히 그 결제액부터 먼저 상환해야 한다.

수입이 일정하지 않을 때

수입이 불안정할 때는 나를 위한 지출 기법을 적용하기 어려울 것이다. 그러니 수입이 안정될 때까지는 예산과 비용을 관리하는 데 중점을 둘 필요가 있다. 그리고 당좌예금에 약간의 여윳돈을 남겨 둠으로써 수입이 적은 달의 생계비로 충당하는 것도 현명한 방법이다.

> **실행전략** 나를 위한 지출 계획 시작 방법

1단계: 시스템 이용하기

자동화 시스템을 활용하여 필요한 곳에 자금을 이체하면 나를 위한 지출 계획을 훨씬 수월하게 운용할 수 있다. 일단 시스템 설정이 완료되었다면, 매달 일정한 급여가 뒷받침되어야 한다. 자동화 시스템에 접근하기 어렵거나, 이용할 수 없는 경우에도 나를 위한 지출 계획은 여전히 유효하다. 다만 당신의 노력이 조금 더 필요할 뿐이다.

예를 들어 회사의 급여 시스템을 이용하여 장기 퇴직연금 계좌로 자동이체가 가능하다. 그리고 거래 은행의 온라인 시스템을 활용하여 당좌예금에서 비상금 예치용 저축예금과 다른 투자 계좌로 매달 이체할 수도 있다. 주택 계약금이나 자녀 학자금 같은 저축 목표를 달성하기 위해서는 매달 월급에서 충분한 금액을 별도로 예치해야 한다는 것을 잊지 말자.

그뿐 아니라 청구서 자동이체를 신청하면 스트리밍 서비스, 통신비, 대출 이자 또는 임차료 등 월별 고정 비용 청구서를 손쉽게 처리할 수 있다. 이들 청구서는 달마다 금액이 일정한 편이므로, 어느 정도의 비용이 들어갈지 쉽게 짐작할 수 있다. 이에 제5장에서 자동화를 통해 손쉽게 자금을 관리하는 방법을 더 자세히 소개하도록 하겠다.

2단계: 죄책감 없이 지출하기

저축도, 투자도, 청구서도 모두 해결했다면 남은 돈은 모두 공돈이다. 그러니 원하는 곳에 쓰자. 하지만 그 돈의 일부를 음식 배달, 스트리밍 서비스, 멤버십 등 달마다 반복적으로 청구되는 곳에 지출한다면, 다음 달부터 다달이 청구되는 금액이 늘어난다. 이에 따라 앞으로의 여윳돈이 줄어들 수도 있음을 명심하자.

제5장

확실한 시스템 설계하기

 "한 번 설정한 뒤로는 신경 쓰지 말라(Set it and forget it)."라는 말을 들어본 적이 있는가? 자금을 관리하기 위해 자동화의 도움을 받기 시작하는 순간부터 바로 그러한 상황이 펼쳐진다.

 약 10년 전, 나는 살면서 월급을 받고도 아무것도 할 필요가 없는 시점에 이르렀다. 월급이 내 은행 계좌에 입금되기 전에 회사의 급여 시스템에서 일정 비율을 자동으로 퇴직연금과 개인퇴직계좌로 이체했기 때문이다. 그리고 나머지 금액은 내 당좌예금으로 입금되었다. 하지만 이것으로 끝나지 않았다.

 비상금을 예치하고 장단기 저축 목표를 달성하기 위해 달마다 나의 당좌예금에서 별도로 마련한 저축예금으로의 자동이체도 설정되어 있었다. 이 모두가 매달 15일에 자동으로 처리되었다. 최초 설정에 5분밖에 걸리지 않앉고, 이후로는 떠올릴 필요도 없이 자동으로 실행되었다.

아울러 모든 청구서의 대금이 자동화 방식으로 정확한 시간에 꼭 맞는 금액이 인출되므로 연체료나 벌금을 낸 적도 전혀 없었다. 그 외에도 휴대전화 요금, 케이블 TV, 주택 공동관리비, 자동차 및 건강 보험료, 인터넷 서비스, 신용카드 대금까지 나는 달마다 날아오는 청구서 등 가능하면 모든 항목에 자동 납부를 적용했다. 따라서 나는 단 한 푼의 연체료도 낸 적이 없었다.

다수의 회사에서 간편한 자동 납부 서비스를 제공하는 이유는 언제나 요금을 제때 징수하기 위해서이다. 이는 소비자의 입장에서 연체료를 피할 수 있다는 의미이기도 하다. 이것이 바로 자금 관리 자동화의 매력이자 위력이다. 저축과 투자, 청구서 대금 납부 등의 사항을 기억할 필요가 없으므로, 재산 형성 과정에서 불이익이 발생할 이유가 없다. 일단 설정만 해 두면 그대로 실행되니 말이다.

재무 자동화의 큰 장점 중 하나는 급여가 많지 않은 사람이라도 그 혜택을 이용할 수 있다는 점이다. 즉 급여 수준과 상관없이 누구나 이용할 수 있다는 것이다. 은행 계좌만 있으면 재산 형성 및 부채를 상환에 필요한 모든 것이 자동으로 제공된다.

복잡해 보인다고 해서 염려할 필요는 없다. 이 장이 끝날 즈음이면 당신은 돈을 정확한 곳으로의 저축, 투자 및 지출을 보장하는 단순하면서 반복 가능한 자동화 시스템을 정확히 이해하게 될 것이다. 이와 관련한 재무 자동화의 실행 방식은 다음과 같다.

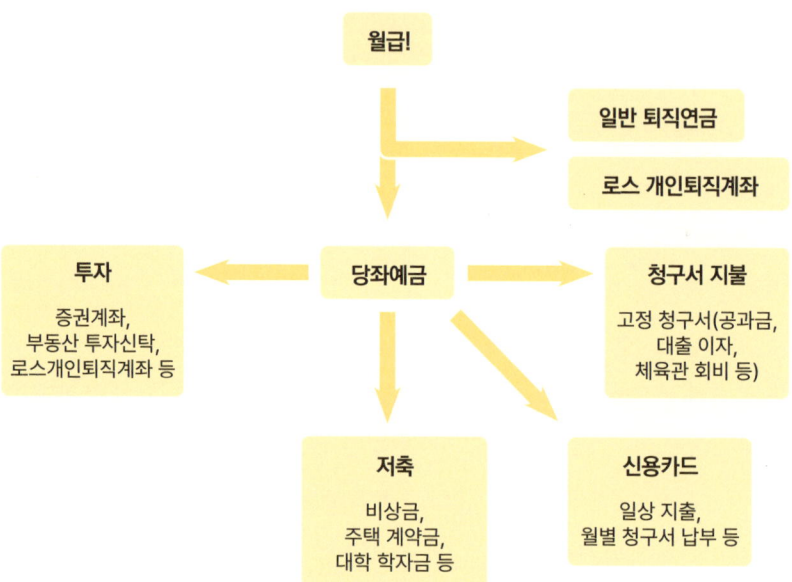

 손가락 하나 움직일 필요 없이 모든 게 자동으로 처리되는 순간을 상상해 보자. 급여가 지급되면 생각할 필요도 없이 저축과 투자와 모든 청구서 대금 납부가 정해 놓은 대로 이루어진다.

 유의할 점은 위의 도표에서 개인퇴직연금이 당좌예금에 입금되기 전과 입금 후 좌측의 투자 항목에 두 번 포함되었다는 것이다. 이는 월급에서 개인퇴직연금에 자동으로 입금하는 회사가 있는 반면, 당좌예금에서 수동으로 개인퇴직연금에 이체하도록 하는 곳도 있기 때문이다.

모든 지출을 가시화하라

내가 자동화에 흠뻑 빠진 이유는 그 많은 청구서를 손으로 일일이 처리하는 데 신물이 났기 때문이다. 게다가 나는 청구서가 얼마나 되는지 제대로 기억하지도 못했다. 자동화 시스템은 그만큼 평소에도 잘 깜빡하던 나의 인생을 한결 수월하게 만들어 주었다.

지금은 최대한 많은 것들을 자동화 시스템으로 처리하고 있다. 따라서 저축과 투자 및 청구서 대금 납부에 신경 쓸 필요가 전혀 없다. 여기에서는 자동화 시스템으로 처리할 수 있는 예를 몇 가지 살펴보도록 하겠다.

- 공과금 청구서
- 대출 이자 또는 임차료
- 자선단체 기부금
- 신용카드 청구서
- 대학 학자금 저축(529 플랜)
- 대출 상환: 자동차, 학자금 대출 등
- 장기 퇴직연금 기여금: 401(k) 등
- 현금 자동이체: 비상금, 투자 등
- 멤버십: 체육관, 잡지, 스트리밍 서비스 구독 등

여기서 잠깐! 자동 납부 시스템에 주의해야 한다. 공과금과 신용카드 같은 월별 청구서를 자동으로 납부하더라도 청구서와 명세서는 매달 확인해야 한다. 확인 결과 알지 못하는 사이에 발생한 오류가 있다면 바로잡아야 하기 때문이다. 이러한 과정을 통해 모든 청구서를 처리하기에 충분한 금액이 당좌예금에 있는지를 살필 수 있다.

일례로 뜻밖의 큰 비용이 한꺼번에 들이닥친 경우를 가정해 보자. 자동차가 고장이 나는 바람에 수리비만 1,500달러나 들었고, 변기가 역류하여 수리기사에게 500달러를 주었다. 또한 에어컨이 작동되지 않아 1,700달러의 거금이 날아가는 바람에 한 달 동안 신용카드로 무려 3,700달러나 결제했다.

이때 뜻하지 않게 늘어난 지출을 생각지 않고 신용카드 청구서 자동 납부만 믿고 있다가는 당좌예금에서 초과인출(overdraw)[16]이 발생할 수 있다. 하지만 명세서를 꼼꼼히 살피는 사람은 은행 온라인 시스템을 통해 별도의 저축예금에서 1,000~2,000달러를 당좌예금으로 신속히 이체할 수 있다. 이는 비상금이 반드시 필요한 이유이기도 하며, 그 절차는 빠르고 간편하다. 그리고 초과인출 수수료도 피할 수 있다.

소비 패턴을 파악하라

자동이체는 대부분 한 달에 한 번 실행되며, 주로 급여일에서 며칠 이내에 이루어진다. 급여가 월 2회 또는 격주 단위로 입금되는 경우, 월말 전까

---

16 통장 잔액이 부족할 경우, 마이너스 대출처럼 금융기관에서 대신 지급하는 제도를 말한다.

지 당좌예금으로 돈을 이체하여 전체 지출과 청구서 납부에 필요한 총액이 부족하지 않은지 확인해야 한다.

매월 1일과 15일이 급여일이라고 가정하자. 이 경우에 나는 두 번에 걸친 자동이체보다는 매달 같은 날에 자동이체와 청구서 납부가 이루어지도록 당좌예금의 잔액을 조금 여유롭게 유지하기를 권장한다. 이렇게 하면 훨씬 간단해질 것이다.

그달의 두 번째 급여가 들어오면 당좌예금에서 자동인출이 실행되기 전에 적어도 며칠의 영업일 동안 정산을 해 보자. 이렇게 하면 급여가 계좌에 입금되는 과정에서 발생할 수 있는 오류나 지연 상황을 처리할 시간을 확보할 수 있다.

가령 매달 20일을 이체일로 정했다면, 그날 별도의 저축예금으로 송금이 이루어진다. 또한 전화 요금과 스트리밍 서비스 등의 월별 고정 청구서와 신용카드 대금, 개인퇴직계좌 및 증권계좌 등 투자 계좌로의 이체 역시 같은 날에 실행된다. 예외적으로 납부기한이 다른 청구서도 있을 수 있다. 매월 20일 이전에 납부해야 하는 청구서나 금전적 의무가 있을 때는 각각의 상황에 맞게 납입하거나 이체하도록 조정하면 된다.

달마다 한 번만 급여가 지급되는 경우에도 동일한 원칙이 적용된다. 1일이 급여일이라면 적어도 5~6일 정도 기다리며 급여 정산을 끝낸다. 그리고 계좌 사용이 가능하도록 한 후에 자동이체와 청구서 납부가 이루어지도록 하자. 자동이체와 청구서 자동 납부는 대부분 은행이나 회사의 온라인 시스템에 접속하여 직접 설정할 수 있다. 여기서 재무 자동화의 몇 가지 사례를 소개하도록 하겠다.

저축예금으로 이체하기

저축예금 계좌로 접속하여 당좌예금에서 해당 저축예금으로 자동이체를 설정한다. 이때 당좌예금의 유무를 확인하기 위한 인증 절차를 거쳐야 한다. 가끔 은행에서 당좌예금에 1달러 미만의 소액을 임의로 입금하여 인증을 받아야 할 수도 있다. 인증 후에는 저축예금 은행에서 입금액을 인출할 수 있다.

당좌예금이 인증되면 자동이체 설정을 하면 된다. 금액뿐 아니라 이체일도 함께 정한다. 이체일이 주말이나 공휴일이라면 은행에서 다음 영업일에 이체를 실행할 수도 있다.

투자 계좌로 이체하기

'저축예금으로 이체하기'와 비슷하게 투자 계좌로 접속하여 당좌예금 또는 저축예금에서 투자 계좌로 이체를 설정하면 된다. 이때 이체할 당좌예금 인증 절차를 거쳐야 할 것이다.

청구서 대금 자동 납부하기

회사의 온라인 시스템에 접속하여 청구서 자동 납부를 신청한다. 자동 납부를 신청하기 전에 회사의 서비스 약관을 읽고 동의해야 당신의 계좌에서 청구서 자동 납부가 인가된다. 일부 회사에서는 월별 특정 일자 또는 청구서 발행 직후 등 소비자가 직접 선택하도록 한다.

직장에서 지원하는 일반 퇴직연금 및 개인퇴직계좌

회사 인사부나 급여 담당팀에 연락하여 월급에서 퇴직연금과 개인퇴직계좌 같은 장기 퇴직연금 계좌로 자동 공제되도록 요청하자. 회사에서는 급여 공제를 승인하기 전에 서류에 서명을 요청할 수도 있다. 아울러 급여에서 예치할 비율도 결정해야 한다. 나는 장기 은퇴연금 투자 계좌에 적어도 급여의 20%를 예치한다. 아니면 최소한 회사의 기여분과 동일한 수준을 유지하도록 권장한다. 이 외에 일반 퇴직연금과 개인퇴직계좌에 대한 상세한 내용 및 얼마나 예치해야 하는가는 제6장에서 다룬다.

실행전략 재무 자동화를 시작하는 방법

1단계: 전체 계좌를 목록화하자

먼저 당신의 돈이 들어가야 할 온라인 계좌를 모두 적어 보자. 당연하게도 공공기관, 투자 회사, 은행, 신용카드 등이 있을 것이다. 이들 계좌의 접속 방법도 알아야 하며, 여기에 회사의 급여 지급 시스템도 포함한다. 회사에서 지원하는 저축 및 투자 자동화 기법이 무엇인지 모르겠다면 직접 문의하자.

2단계: 계좌를 연결하자

각 계좌에 접속하고 돈이 인출될 당좌예금이나 저축예금을 추가하여 모든 계좌를 연결한다. 예를 들어 당좌예금과 휴대전화 요금청구서를 연결하면, 요금이 매달 제대로 결제되는지 확인할 수 있다.

3단계: 저축/납부 일자를 정하자

마지막으로 이체 및 납부 일자를 정해야 한다. 한 달 가운데 자동처리를 실행할 날짜를 정하고, 그날에 전체 청구서 대금 자동 납부와 저축 및 투자 계좌로의 이체를 처리한다. 회사에서 퇴직연금을 비롯한 장기 투자 기회를 제공하는 경우라면, 급여 공제를 통해 이 과정을 간편하고 반복적으로 처리할 수 있다.

4단계: 초과인출 수수료를 피하자

초과인출 수수료를 피하려면 매달 자동결제일 전날에 자동이체를 예고하는 날짜 알림 서비스 등을 이용한다. 이를 통해 은행 계좌에 모든 청구서를 처리할 정도로 잔액이 충분한지 확인해야 한다.

제6장

돈의 무한한 확장성 이해하기

    잠자는 동안에도 돈 버는 방법이라고 알려진 투자야말로 부자가 되는 지름길이다. 투자 없이 부를 축적하겠다면 투자하는 것보다 100배나 힘들어진다.

    "투자해야 합니다!"

    귀에 못이 박히도록 들었던 말일 것이다. 하지만 재산을 형성하는 데 투자가 얼마나 중요한가를 아직 깨닫지 못했을 수도 있다. 투자는 적당한 재산에 머물지 않고, 자식과 자식의 자식까지 물려줄 막대한 재산을 쌓는 것이다.

    그렇다면 투자가 중요한 이유는 과연 무엇인가? 이 이야기는 우리의 좋은 친구인 '복리'에서부터 시작한다. 복리란 초기에 저축, 투자한 금액뿐 아니라 시간이 흐르면서 얻는 이자에까지 이자가 붙는 방식이다.

이해가 안 되더라도 걱정할 필요 없다. 예를 들어 쉽게 살펴보자. 1,000달러를 투자한 이후의 연간 수익률이 5%라면 수식은 다음에서 보는 바와 같이 간단하다.

$$1000 \times 0.05 = 50$$

결과적으로 1년이 지나면 1,050달러가 된다. 꽤 쏠쏠하지 않은가? 1,000달러를 투자한 것 외에 아무것도 하지 않고도 50달러를 벌었다.

이제 다음 질문을 생각해 보자. 이자율이 동일하다고 가정할 때, 두 번째 해가 지나면 얼마가 될까? 2년차에도 50달러가 추가로 합산되면 총액이 1,100달러가 되지 않을까? 그렇지 않다. 2년이 지나면 복리 효과가 작용하면서 50달러 이상의 이자가 생긴다.

그 이유는 다음과 같다. 첫해에는 초기 투자금이 1,000달러였지만, 두 번째 해에는 5%의 수익이 발생한 이후의 금액을 방정식에 산입한 1,050달러이다. 따라서 2년차에는 1,102.50달러로 마무리된다. 따라서 초기에 1,050달러로 시작했기에 50달러가 아니라 52.50달러의 이자가 합산된 것이다.

위의 내용을 수식으로 나타내면 다음과 같다.

$$1{,}050 \times 0.05 = 52.50$$

복리는 첫해의 원금뿐 아니라 이자에까지 이자 수익이 발생하는 과정을 거친다. 이러한 과정이 시간의 경과에 따라 반복되면서 장기적으로 저축이나 투자금을 크게 늘릴 수 있다. 물론 "하지만 스티브, 1년에 50달러는 큰돈이 아니에요. 겨우 이걸로 어떻게 재산을 늘린단 말인가요?"라고 반문하는 사람도 있을 것이다. 이에 투자가 어떻게 우리를 부자로 만들 수 있는지를 논할 때 추가로 등장하는 두 가지 요소가 있다.

- 투자는 한 번으로 끝나지 않는다.
- 투자는 여러 해에 걸쳐 진행한다.

위의 요소가 과연 무슨 뜻일까? 앞의 사례에서는 1,000달러로 단 한 번만 투자한 것이 전부였다. 그러나 실제 투자는 그렇지 않다. 우리는 월급을 받을 때마다 투자를 한다. 그리고 이 일을 아주 오랫동안 진행해 왔다.

다시 앞의 사례로 돌아가 보자. 한 번에 1,000달러를 투자하는 게 아니라, 투자 원금 1,000달러에 매달 100달러씩 추가한다고 가정하자. 10년 동안 연간 수익률이 5%라면, 최종적으로 16,000달러를 바라볼 수 있다. 그리고 20년 뒤에는 42,300달러 이상으로 늘어난다. 이처럼 5%의 수익률로 매달 100달러를 40년 동안 투자하면 총 투자액의 가치는 152,000달러가 된다. 우리에게 큰돈이 생기는 것이다.

희소식은 그게 전부가 아니다. 여기서는 수익률을 상당히 보수적인 5%로 잡았다. 역사적으로 투자자들은 주식시장에 투자하여 매우 높은 수익을 얻었다. 예컨대 S&P 500지수[17]는 1957년에 출범한 이후로 연평균 11.88%의 수익률을 기록했다.

이상의 내용을 바탕으로 투자 원금 1,000달러로 40년 동안 직장생활을

17　미국의 신용평가회사 Standard & Poor's에서 개발한 주가지수로, 다우존스 산업평균지수, 나스닥 종합지수와 함께 미국 증권의 대표 주가지수의 위상을 지니고 있다.

하며 매달 100달러씩 투자하는 사람을 생각해 보자. 여기에 11.88%의 수익률을 적용하면, 결과적으로 979,500달러의 돈방석에 앉는다. 거의 100만 달러에 육박하는 거금이다!

재차 강조하건대 그 40년 동안 우리가 실제로 투자한 돈은 49,000달러에 불과했다. 이제야 복리가 지닌 놀라운 힘을 이해할 수 있겠는가?

지금까지 투자의 중요성과 함께 투자로 부자가 되는 방법을 살펴보았다. 이제부터는 부자가 되기 위한 가장 손쉬운 투자 방법을 살펴보자.

믿거나 말거나이겠지만, 투자는 쉽다. 주식을 골라 담는 것만이 투자가 아니다. 돈이 많아야만 할 수 있는 것도 아니다. 손쉽게 돈을 벌 투자 포트폴리오를 짜기 위해 굳이 투자 전문가나 '주식 박사'를 모셔야 하는 것도 아니다.

또한 투자를 시작하기 위해 기업의 재무제표를 뒤질 필요도 없다. '수익'이 무엇이고 '주가수익비율(Price-to-Earning Ratio)'이 무슨 뜻인지 알 필요도 없다. 이는 자칭 주식 박사나 투자 자문가들이 투자를 어렵게 보이도록 만들려는 수작에 불과하다. 사실은 어렵지 않다. 투자는 당신도 할 수 있을 정도로 너무나 쉽다.

누구나 투자를 통해 시간의 흐름 속에서 복리 이자를 벌어들일 수 있다. 이 과정이 어떻게 진행되는지는 이어지는 부분에서 논하도록 하겠다. 부자의 투자 포트폴리오는 대부분 주식과 채권, 그리고 부동산으로 구성된다.

주식

주식을 매수하는 것은 그 기업의 지분을 매수한다는 의미다. 기업 운영이 잘되면 각 주식의 가치가 상승하면서 당신이 보유한 주식에서 이익, 즉 자본이익(capital gains)을 얻는다.

주식은 보통 고위험군(higher risk)으로 간주한다. 보유 주식의 가치가 주로 그 기업의 실적에 좌우되기 때문이다. 기업의 실적이 나쁘면 보유 주식의 가치도 낮아질 것이다. 게다가 주가는 단기간에 급격하게 요동치기도 한다. 주식에 투자하여 얼마나 많은 돈을 벌거나 잃을지 예측하기 어려운 이유는 바로 변동성 때문이다. 그러나 고위험이란 시장 상황이 좋을 때 큰 수익을 올릴 수 있다는 의미이기도 하다.

주식을 매수하는 방법에는 크게 두 가지가 있다. 아마존이나 구글, 마이크로소프트 등 개별 기업의 주식을 직접 매수하거나, 인덱스 펀드에 투자하는 방법이 있다. 인덱스 펀드란 다양한 분야에 속하는 여러 기업의 주식과 채권을 미리 선별하여 모집한 펀드를 일컫는다. 개별 주식보다 인덱스 펀드를 주로 권장하는 이유는 투자할 기업을 선별하여 선정하는 데 많은 위험이 따르기 때문이다.

따라서 그러한 이유로 인덱스 펀드는 위험을 분산하는데, 이를 분산 투자(diversification)라고 부른다. 그리고 모집된 다수의 회사에 투자하기 때문에 한 회사의 붕괴로 모든 투자금을 잃을 위험을 줄일 수 있다. 이 유형의 투자 수단에 관한 상세한 내용은 이 장의 뒷부분에서 추가로 설명하겠다. 당장은 인덱스 펀드가 손쉬운 투자의 한 가지 방법이라는 것만 기억하기 바란다.

채권

채권은 돈을 빌려준 사람에게 기업이나 정부에서 제공하는 차용증서(IOU, I owe you)와 비슷하다. 채권을 사들인다는 것은 곧 그것을 발행한 기업이나 정부에 돈을 빌려준다는 의미이다. 그 대가로 기업과 정부는 일정 기간이 지난 후, 원금에 이자라는 이름의 추가금까지 더하여 갚을 것이라고 약정한다.

일정 기간이란 보통 2년, 5년, 10년 등으로 나뉘며, '만기' 또는 '만료'가 되기 전까지는 돈을 돌려받을 수 없다. 만기가 되기 전에 돈을 돌려받으려면 상당액의 수수료와 위약금을 물어야 한다. 그래서는 안 된다는 뜻이다.

채권의 장점은 위험을 획기적으로 줄여 준다는 데 있다. 채권은 별도의 보증이 없지만, 채권에 투자한 돈을 돌려받지 못하는 경우는 그 기업의 채무 불이행(default)밖에 없으며, 이는 대단히 심각한 상황이다.

예를 들어 국채를 매입했다고 생각해 보자. 그렇다면 국가가 주도하여 더 많은 화폐를 생산할 테니, 국가에서 채무를 불이행하는 상황은 일어나기 어렵다. 채권은 별도의 보증이 없더라도 사실상 보증과 거의 흡사하다. 채권은 다음의 두 가지 이유에서 대체로 부유층과 노년층에 매력적인 투자 대상으로 떠오르고 있다.

- 부자들은 자산 가치를 유지하고 싶어 하는데, 채권은 최근의 사례인 2008년과 2022년 시절과 같이 주식시장이 하락할 경우 자산 감가상각의 위험을 줄임으로써 부자들을 안심시킨다.
- 노년층은 '거의 보장되는 수입' 같은 개념을 좋아한다. 직장이 없는 노인들이

고위험 주식에서 저위험 채권으로 전환하면 고정적인 수입으로 안정적인 생활을 영위할 수 있다.

인덱스 펀드

인덱스 펀드는 손쉬운 투자의 출발점이다. 해당 투자 전략은 미국의 자산운용사 뱅가드 그룹(The Vanguard Group Inc.)의 창립자 존 보글(John Boggle)이 1975년에 도입한 것이다. 그 이래로 인덱스 펀드는 수십 년 동안 숱한 부자의 포트폴리오에 빠짐없이 등장해 왔다.

이는 결코 빈말이 아니다. 주식시장 사상 최고의 투자자로 꼽히는 워런 버핏도 "저비용 인덱스 펀드야말로 대다수 투자자에게 가장 합리적인 주식 투자 방법이다."라고 말한 적이 있으니 말이다.

인덱스 펀드는 다우존스 산업평균지수(Dow Jones Industrial Average, 이하 다우지수)나 S&P 500 같은 지수(index)를 추종하는 펀드이다. 주식시장에서의 지수는 특정 집단에 포함되는 기업들의 주식 실적을 집합적으로 추종한다. 투자자는 이들의 주식시장 지수를 근거로 주식시장의 종합적인 실적을 가늠하며, 시장 내 여러 부문의 실적도 비교할 수 있다. 또한 금융 애널리스트가 투자 전략을 수립하고, 고객에게 권유할 때도 지수를 활용한다.

다우지수는 30개 우량기업(blue-chip company)의 실적을 추종한다. 우량기업이란 널리 알려져 있으면서 오랜 역사를 자랑하며, 재정적으로 탄탄하여 그 주식이 시장에서 공개적으로 거래되는 기업을 말한다. 코카콜라, 나이

키, 월마트, 셰브론(Chevron)[18], 맥도날드 등이 대표적인 우량기업이다.

S&P 500은 미국의 500대 대형주 기업의 실적을 추종한다. 대형주(Large-cap)란 시가총액 10억 달러 이상의 기업으로 애플, 마이크로소프트, 아마존, 구글의 모기업인 알파벳 등을 포함한다. 그리고 나스닥 종합지수(Nasdaq Composite)는 나스닥 증권거래소에 상장된 모든 주식의 실적을 추종한다.

인덱스 펀드 투자는 S&P 500과 다우지수 같은 특정 시장지수를 추종하는 펀드에 투자한다는 의미이다. 해당 주식을 매수하면 사실상 그 지수를 형성하는 모든 기업의 지분을 조금씩 매수하는 셈이다. 즉 당신의 투자는 전체 시장과 등락을 함께 하면서도 특정 기업의 실적에 크게 좌우되지는 않는다.

위와 같은 인덱스 펀드의 장점은 수많은 투자자에게 매력으로 다가온다. 대다수는 지수에 편입할 주식과 채권을 선별하며, 고액의 수당을 받아 가는 펀드 매니저가 필요하지 않아 비용이 저렴하다. 뱅가드, 피델리티, 골드만삭스 등 여러 투자사에서 제공하는 펀드는 수동적(passive)으로 관리한다.

그뿐 아니라 인덱스 펀드 특유의 분산 투자로 투자자들의 위험 노출도(risk exposure)를 낮춘다. 비록 한두 기업의 실적이 뒤처지더라도 전체 실적은 하락할 가능성이 낮다. 그리고 S&P 500과 같은 추종 지수별로 대상 기업이 선별되므로, 투자자가 투자할 기업을 직접 고를 필요도 없다.

그래도 의심되는가? S&P 500은 미국 500대 상장기업의 실적을 추종하는 주식시장 지수이다. 이 지수에는 기술, 의료, 금융, 에너지, 소비재 등 방대한 산업계가 포함된다. 따라서 전문가 다수는 S&P 500을 미국 경제의 실적을 예상하는 선행지표뿐 아니라 투자 포트폴리오의 기준으로 널리 활용하고 있다.

18 미국의 글로벌 석유 에너지 기업.

퇴직연금 펀드

'목표일 펀드(Target Date Fund, TDF)'라고도 불리는 퇴직연금 펀드는 직장생활을 하면서도 투자에는 손대지 않으려는 사람들에게 훌륭한 대안이다. 퇴직연금 펀드의 개념은 단순하다. 젊은 투자자는 어떠한 손실이든 회복할 시간이 더 많기에 위험이 따르더라도 감내할 여력이 있다. 이와는 다르게 나이 든 투자자, 특히 은퇴 시점에 다다른 투자자라면 상대적으로 안정적인 투자를 선호한다.

퇴직연금 펀드는 일반적으로 수익성은 낮지만, 변동성도 적은 채권이다. 따라서 자산 배분을 이동시켜 투자자가 은퇴 시점에 가까워질수록 위험을 낮추는 방향으로 투자 구성을 조정한다. 채권은 이 장의 앞부분에서 설명한 바 있으니 참고하기 바란다.

퇴직연금 펀드에서 당신이 할 일은 은퇴 시점을 정하는 것뿐이다. 만약 2056년에 은퇴하고 싶어 하며, 주식을 살펴보고 고르는 일 같은 것은 전혀 좋아하지 않는 간접 투자자가 있다고 생각해 보자. 그 사람은 뱅가드나 피델리티 등의 투자사에서 제공하는 '퇴직연금 펀드 2056'을 선택할 수 있다. 이 펀드는 장기적으로 주식에서 채권으로 서서히 전환되면서 2056년 무렵에는 위험도가 낮은 채권이 투자 구성의 대부분을 차지할 것이다.

퇴직연금 펀드는 투자자가 지속적인 점검과 위험을 감안한 투자 구성 조정 등의 작업 없이도 다양한 분산 투자 포트폴리오를 구성할 수 있는 쉽고 간단한 방법이다. 그러나 해당 펀드의 투자 구성과 수수료 및 초기 최소 투자금 등은 투자사에 따라 크게 다를 수 있다. 또한 투자자의 재정 목표와 위험 허용도 등에 따라 적합하지 않은 투자자도 있는 만큼 신중하게 접근해야 한다.

상장지수 펀드

상장지수 펀드(이하 ETF)는 S&P 500처럼 특정 지수의 실적을 추종한다는 점에서 인덱스 펀드와 유사하다. 하지만 ETF는 투자사를 거쳐야 하는 인덱스 펀드와 달리 증권거래소에서 직접 거래할 수 있다는 점에서 차이가 있다.

또한 인덱스 펀드는 최소 투자금이 필요하기도 하지만, ETF는 일반적으로 그렇지 않다. 한 주의 주식을 사는 것과 유사하게 ETF는 전체 주식을 매매할 수 있기 때문이다. 그리고 ETF는 각종 지수를 폭넓게 추종하기보다는 시장의 특정 부문을 집중적으로 추종하도록 설계되어 있다. 따라서 투자 대상에 대한 투자자의 통제력을 높인다.

인덱스 펀드와 마찬가지로 ETF도 분산 투자 및 수동적 관리가 가능하고, 수수료가 저렴하여 전 연령대에 걸친 투자자의 훌륭한 투자 대안이다. 직장생활을 갓 시작한 20대에서 노년층까지 나이에 상관없이 ETF는 쉽고 편리하다. 이러한 점에서 극대화된 성장 잠재력을 기대하는 모든 이들에게 훌륭한 선택이 될 것이다. 최근에 특히 인기 있는 ETF 상품으로는 다음과 같은 것들이 있다.

- **SPY**(SPDR S&P 500): S&P 500지수를 추종하며, 미국의 다양한 주식시장

의 기준점 역할을 한다.
- **QQQ**(Invesco QQQ Trust): 나스닥 증권거래소에 상장된 100대 비금융 대기업을 포함하는 나스닥 100지수를 추종한다.
- **IVV**(iShares Core S&P ETF): SPY와 유사하게 S&P 500지수를 추종한다.
- **VTI**(Vanguard Total Stock Market ETF): 미국에서 상장된 대부분의 주식을 포함하는 CRSP US 종합시장지수를 추종한다.
- **DIA**(SPDR Dow Jones Industrial Average ETF): 미국의 30개 대형주를 포함하는 다우존스 산업평균지수를 추종한다.

뮤추얼 펀드

뮤추얼 펀드란 다수의 투자자에게서 자금을 모집하여 주식과 채권을 포함한 자산 포트폴리오를 매입하는 투자 양식의 일종이다. 여기에서 각 투자자는 뮤추얼 펀드에서 일정 지분을 보유하게 된다. 이는 펀드가 보유한 전체 자산의 일부를 각자 소유한다는 의미이다.

뮤추얼 펀드는 펀드 매니저가 능동적(active)으로 관리한다. 펀드 매니저는 투자자를 대신하여 매수 및 매도 결정을 실행한다. 유능한 펀드 매니저는 뮤추얼 펀드를 상당히 수익성 높은 투자 상품으로 만들 수 있다.

하지만 펀드 매니저도 사람이므로, 관리 방식이 수동적인 인덱스 펀드보다 운용 비용이 비싸다. 그런데 사람이 올리는 실적은 S&P 500 등의 시장 지수에 비해 일반적으로 낮은 편이다.

요컨대 뮤추얼 펀드는 투자자가 주식과 채권을 직접 고르지 않고도 분산 투자가 가능한 간편한 방법이다. 하지만 인덱스 펀드와 같이 저렴하면서 수동적인 투자 대안은 뮤추얼 펀드의 매력을 반감시킨다.

부동산

부동산에 투자하여 부를 축적한 부자는 수없이 많다. 실제로 억만장자이자 투자자인 앤드루 카네기(Andrew Carnegie)는 부자의 90%가 부동산에 투자하여 재산을 형성했다고 말했다. 이처럼 부동산은 수많은 사람을 부자로 만들었다.

당신도 임대인이 되고 싶은가? 그렇다면 고민할 필요 없다. 부동산에 투자하는 방법은 매우 다양하다. 꼭 임대인이어야만 부동산에 투자할 수 있는 것은 아니다.

임대인이 아니더라도 부동산에 투자하는 아주 손쉬운 방법이 있다. 이는 바로 리츠(REITs, Real Estate Investment Trusts), 즉 부동산 투자신탁이다. 리츠란 수익을 창출하는 부동산 자산을 소유하거나 자금을 조달하는 유형의 회사 또는 관련 투자신탁회사를 말한다.

투자신탁회사로서의 리츠는 주주에게 배당금의 형태로 수익을 지급해야 한다. 여기에서 배당금은 보통 주주에게 수익의 일부를 수표로 지급한다. ETF와 비슷하게 리츠도 주요 증권거래소에서 공개 거래되므로, 투자자에게 부동산 자산을 직접 소유하거나 관리하지 않아도 부동산에 투자할 기회를 제공한다.

이상과 같이 리츠는 투자자가 부동산에 손쉽게 투자할 수 있는 길을 열어 주므로 최근에 매우 인기가 많다. 일부 리츠는 실제 부동산 지분을 소유하며, 그 외에 담보와 실제 부동산 관련 부채에 투자하기도 한다. 물론 두 가지에 모두 투자하는 리츠도 많다.

한편 나대지를 매입하여 보유하다가 미래에 되팔아 수익을 남기는 부동산 투자자도 있다. 나대지 투자는 상당히 장기적인 투자 유형으로, 나대지를 저렴하게 매입할 만큼의 자본이 있어야 한다. 대부분의 담보대출 기관에서는 나대지의 경우 대출을 승인해 주지 않으므로 땅 전체를 매입할 수 있을 정도의 현금이 있어야 한다.

또한 주택을 매입하여 임대하는 부동산 투자자도 있다. 특히 수리가 필요한 주택을 저렴하게 구입하여 수리를 대부분 직접 해결함으로써 수천 달러의 인건비를 줄일 수 있다면 수익성도 그만큼 높일 수 있다.

수익이 가장 많이 발생하는 주거용 부동산은 대체로 아파트나 복층형 2가구 연립주택(duplex), 타운 하우스(town house)처럼 다가구 건물인 경우가 많다. 이들 건물은 매입비와 유지관리비가 많이 드는 대신, 임대인은 매달 여러 가구에게서 임대료를 받을 수 있다. 반면에 투자자가 다가구 리츠를 활용한다면 매입이나 유지관리에 신경 쓸 필요 없이 값비싼 공동 주택이나 콘도에 투자할 수 있다. 이때 임대료는 배당금의 형태로 지급된다.

부동산에 대한 설명을 마무리하기 전에 당신의 집은 일반적으로 훌륭한 부동산 투자가 아니라는 사실을 강조하고 싶다. 물론 주 거주지(primary residence)로 돈을 벌 수도 있지만, 주택 소유에 따르는 온갖 비용 요소를 감안하면 그리 흔한 투자 방식은 아니다. 앞에서 설명한 제 비용에 실제 소유

비용까지 더한다면 주택 매입 가격을 크게 뛰어넘기 때문이다.

그 예로 세입자가 아닌 주택 소유주가 지불하는 비용을 도표로 나타내면 다음과 같다.

계약금	주택 매입 시 최초로 지불하는 금액으로 통상 10~20% 수준
주택 종합 보험	재정적 손실 또는 도난에서 주택 소유주를 보호하는 보험
개인 저당 보험(Personal Mortgage Insurance, PMI)	계약금이 20% 미만일 경우, 일부 대출 기관에서 요구하는 보험
재산세	부동산의 평가가치에 따라 국가에 납부하는 세금
유지관리 및 수리비	누수 수리 등 주택을 수리하고 관리하는 데 드는 비용
주택소유주협회 회비 (Home Owners Association, HOA)	공용 시설의 유지관리 및 보수를 위해 주택소유주협회에 납부하는 비용
해충 방제	흰개미, 벌, 기타 곤충과 작은 생물의 방제에 드는 비용

주택 소유에 부과되는 세금 및 각종 비용을 모두 합산하면 주택 가격이 처음에 지불한 비용보다 더 비싸진다. 따라서 당신의 주 거주지는 그다지 매력적이지 못한 투자처로 전락한다. 예컨대 실제 비용이 300,000달러였더라도 10년이 지나면 쉽게 500,000달러나 그 이상으로 늘어날 수 있다.

게다가 대부분의 주택 소유주는 주 거주지에 대해 주식처럼 "싸게 사서 비싸게 판다."라는 가장 기본적인 투자 원칙을 적용하기도 어렵다. 주택시장이 호황일 때 오히려 주택을 팔기 어려울 수도 있다. 또한 다른 주택을 구하려면 전처럼 많은 돈이 들기 마련이므로, 주택 판매에서 얻은 이익이 상쇄될 수밖에 없다. 결국 우리도 어딘가에는 살아야 하니까 말이다.

나는 자가 주택을 좋아한다. 그렇다고 주택 소유를 비판하려는 것은 아니다. 그저 주택을 부동산 투자의 대상으로 고려하기 전에 소유에 따르는 실제 비용을 충분히 이해하기를 바랄 뿐이다.

일반 퇴직연금

일반 퇴직연금(이하 401(k))은 부자가 은퇴에 대비하여 투자하고 재산을 형성할 때 사용하는 가장 보편적인 투자 수단이다. 피고용자들은 세전 소득에서 일정한 비율을 세금 우대 퇴직연금 계좌에 납입한다. 이렇게 쌓인 돈은 주식과 채권, 뮤추얼 펀드 등의 자산군에 투자되어 시간이 지날수록 증식한다.

401(k)는 피고용자가 납입한 금액만큼 과세 대상 소득에서 공제한다. 따라서 세금을 많이 내는 것을 좋아하지 않는 사람에게는 매우 훌륭한 조건이다. 예를 들어 과세 대상 소득이 80,000달러이고, 이 중 연간 10,000달러를 401(k) 계좌에 납입한다고 가정하자. 그러면 조정 총소득은 70,000달러로 줄었기 때문에 소득세도 그만큼 적게 납부할 수 있다.

위의 사례에서는 401(k) 계좌에 납입함으로써 세금을 2,000달러 줄일 수 있는데, 이는 직장에 다니며 힘들게 번 돈을 더 많이 지켜낼 수 있다는 뜻이다. 게다가 해당 계좌에 납입된 금액은 은퇴 후에 인출할 때까지 과세 유예 상태로 적립되므로, 시간이 흐를수록 적립액은 늘어난다.

여기에서 과세 유예란 은퇴 후 수령할 때 발생하는 수익에 한해 세금을 납부한다는 의미이다. 보기만 해도 주옥같은 투자 기회이지 않은가. 그렇기에 수많은 부자가 이 제도를 활용하는 것은 어찌 보면 당연하다. 따라서 401(k) 투자는 여러모로 현명한 판단이다. 그 근거는 다음과 같이 네 가지가 있다.

- 현재의 세금 부담을 줄이면서 직장생활 내내 꾸준한 투자로 풍요로운 은퇴를 맞이한다.
- 다수의 고용주가 당신의 납입액에 따라 일정 비율의 금액을 회사에서 지원한다. 이는 사실상 공돈으로, 저축액을 더 빠르게 늘릴 수 있다.
- 복리의 힘을 누릴 수 있다. 시간이 지날수록 수익이 재투자되면서 투자금이 기하급수로 늘어날 수 있다. 그뿐 아니라 초기 투자금에서도 이익을 얻을 수 있다.
- 자동화에 따라 납입금이 급여에서 자동으로 공제되므로 은퇴에 대비한 편리한 저축 방법이다. 자동화는 금전적 목표를 향한 노력을 유지하도록 지원하며, 여유로운 은퇴에 대비하여 충분한 자금을 저축하도록 돕는다.

401(k)는 인출에 제약이 따르며, 정부 차원에서도 위약금이 없는 연간 납입 한도를 설정했다는 점도 고려해야 한다. 2023년 이후로는 개인이 401(k) 계좌에 연간 최대 22,500달러까지 납입할 수 있다. 그리고 50세 이상은 7,500달러를 추가로 납입할 수 있다. 미국 국세청(Internal Revenue Service, IRS)에서는 매년 해당 규정을 변경하므로 납입 한도를 항상 확인해야 한다.

확실치 않을 때는 고용주에게 도움을 요청해도 된다.

401(k)의 인출은 59.5세부터 가능하며 72세에 이르면 반드시 인출해야 한다. 이를 의무최소인출금(Required Minimum Distributions, RMD)이라고 한다. 59.5세가 되기 전까지는 401(k)에서 돈을 인출해서는 안 된다. 그랬다가는 자본이익을 상회하는 벌금이 부과될 수도 있다.

로스 개인퇴직계좌

비과세 혜택을 원한다면 로스 개인퇴직계좌(이하 로스 IRA)가 이상적인 투자처이다. 로스 IRA는 피고용자가 은퇴를 대비하여 투자하는 세후 퇴직연금 수단이다. 비록 401(k)처럼 과세 대상 소득을 줄일 수는 없지만, 5년 이상 유지한 계좌에 한하여 은퇴 이후에 인출 시 어떠한 세금도 내지 않는다. 즉 직장에 다니는 내내 비과세 자산 축적이 가능하다. 이 얼마나 멋진 제도인가!

401(k)와 마찬가지로 미국 정부에서는 로스 IRA에 납입하는 금액과 위약금 없는 인출 가능 시기에 제한을 둔다. 로스 IRA도 401(k)와 마찬가지로 59.5세부터 인출할 수 있다. 물론 조기 인출을 하겠다면 위약금을 물어야 하며, 2023년부터는 위약금이 10%로 조정되었다.

국세청에서는 연간 6,500달러, 50세 이상일 때는 7,500달러만 납입을 허용한다. 그리고 연봉이 153,000달러 이상인 미혼 세대주 또는 부부 합산 기준 218,000달러 이상의 고소득자는 해당 계좌에 납입할 수 없다. 또한 로스 IRA에는 의무최소인출금 규정이 없으므로 원하는 기간 동안 계속해서 돈을 불릴 수 있다.

건강저축계좌

건강저축계좌(이하 HSA)의 강력함을 아는 사람은 의외로 많지 않다. 그러나 이 책을 읽고 있는 당신은 그 장점을 알게 되었으니 그것만으로도 축하할 일이다.

HSA는 성공적인 장기 투자를 위한 훌륭한 선택이다. 이 계좌는 의료비 공제, 보청기, 치과 치료, 독감 백신, 약물 치료 등 공제 대상 의료비(qualified medical expenses)를 따로 적립할 목적으로 만들어졌다. 건강저축계좌는 다음과 같이 세 가지 비과세 혜택을 지닌다.

- 건강저축계좌는 세전 저축계좌로, 401(k)와 마찬가지로 계좌에 납입된 금액만큼 과세 대상 소득이 줄어든다.
- 건강저축계좌는 비과세로 적립된다.
- 공제 대상 의료비로 사용한다면, 납부금을 언제든 비과세로 인출할 수 있다.

게다가 HSA는 시간이 흐를수록 그 장점은 더 커지는데, 65세가 지나면 HSA가 전통적 401(k)로 전환된다. 즉 만 65세 이후로는 아무런 제한이나 위약금 없이 인출하여 어디에서나 사용할 수 있다. 이 정도면 꽤 좋은 조건이지 않은가?

그러나 HSA에도 약점은 있다. 65세 이후에 공제 대상이 아닌 항목의 의료비로 사용된 금액은 소득과 같이 과세 대상이 된다. 하지만 이는 건강과 관련된 비용을 마련하기 위해 과세 대상 소득을 줄이고, 상당한 규모의 목돈을 형성하면서 지불하는 작은 대가일 뿐이다.

또한 HSA는 공제 규모가 큰 건강보험이 필수이다. 따라서 모두에게 적합하거나 모두가 이용할 수는 없다는 점에 유의해야 한다. 아니면 의료비를 자주 지출하는 사람은 의료비를 100% 안심할 수 있는 저축예금에 따로 예치하는 편이 안전하다.

암호화폐

누군가 나에게 "암호화폐가 미래야."라고 떠들어 댈 때마다 1달러씩만 샀더라면 나도 갑부가 되었을 것이다. 물론 이는 비트코인의 비정상적인 가치 급등으로 암호화폐 소식이 매일같이 언론에 소개되던 2021년의 이야기이다. 하지만 요즘은 그 이야기를 하는 사람이 점점 줄어들고 있으니 희한한 일이다.

나는 그때나 지금이나 암호화폐에 열광한 적이 없다. 암호화폐가 오래도록 생존할 것이라 확신할 수 없기 때문이다. 또한 비트코인 같은 자산이 과거처럼 비현실적인 성장을 다시 구가하리라는 생각도 들지 않는다. 그렇다고 해서 암호화폐가 당신의 투자 전략에 채택할 가치가 없다는 뜻은 아니다.

암호화폐도 이 장에서 소개한 다른 투자처와 마찬가지로 하나의 자산군에 해당한다. 이에 따라 암호화폐가 무엇인지 잘 모르는 사람들을 위해 여기서 간략히 소개하도록 하겠다.

암호화폐란 암호화 기술을 사용하여 화폐 단위와 거래 장부의 생성을 통제함으로써 자산의 이전을 입증하는 디지털 통화[19]의 일종이다. 암호화폐의 매력은 통제 방식에 있다. 연방준비제도(Federal Reserve, Fed)에서 관리하는 미국 달러와 달리 디지털 통화는 중앙은행과 별개로 운용된다. 그리고 디지털 통화는 온라인으로 상품과 서비스를 구매하거나, 달러나 유로 등 전통적 통화를 포함한 다른 통화와 교환할 수도 있다. 그러나 디지털 통화로 상품과 서비스를 거래하는 것은 이미 여러 해가 지난 암호화폐의 역사에도 불구하고 그리 흔한 일은 아니다.

간략하게 말하면 암호화폐는 온라인으로 무언가를 구매하거나 다른 종류의 화폐로 교환하는 데 사용할 수 있는 가상의 화폐와 같다. 모노폴리 등의 보드게임에서 사용할 수 있는 화폐처럼 말이다. 또한 암호화폐는 분산되어 있어 단일한 관리 주체가 존재하지 않으며, 암호화를 통해 거래를 보호하고 새로운 단위의 생성을 통제하는 점이 특이하다. 따라서 새로운 암호화폐를 생성하려면 상당한 수준의 투자와 고성능의 컴퓨터가 필요하다.

암호화폐 투자자는 대부분 미국 달러나 자국 통화로 디지털 통화를 구입한 뒤, 이를 그대로 보유한 채 가치가 오르기를 기대한다. 또한 암호화폐를 매각하고 다른 통화로 교환하거나 상품 및 서비스를 구매할 수도 있다. 가장 대중적인 암호화폐의 예로는 비트코인(Bitcoin), 이더리움(Ethereum), 라이트코인(Litecoin) 등이 있다.

19 최근에는 '화폐'보다 '통화'라는 용어를 주로 사용한다.

능동적 투자 VS 수동적 투자

한 보고서에 따르면 능동적 펀드 매니저의 약 80%가 S&P 500과 같은 지수보다 저조한 실적을 올린 것으로 조사되었다. 대다수의 액티브 투자자들은 자신이 나머지 20%에 속한다고 생각하겠지만, 이 수치는 그렇지 않음을 보여 준다.

능동적 투자(Active Investment)와 수동적 투자(Passive Investment)는 비용부터 많은 차이가 난다. 그 외의 차이점은 다음과 같다.

능동적 투자

능동적 투자자는 투자할 기업을 선별한 후, 선정한 주식과 채권 및 기타 자산으로 포트폴리오를 능동적으로 관리한다. 그들은 일반적으로 수동적 투자자보다 주식과 채권 거래 빈도가 높다.

그리고 능동적 투자자는 우수한 실적이 예상되는 기업의 주식은 매수하고, 그렇지 않은 기업은 매도하는 방식으로 투자한다. 나아가 투자 목표를 달성하기 위해 파생상품이나 공매도 같은 복잡한 투자 전략을 구사하기도 한다. 따라서 능동적 투자에는 상당한 시간과 노력이 소요될 뿐 아니라 금융 시장에 대한 깊이 있는 이해가 필요하다.

수동적 투자

수동적 투자자는 능동적 투자자와 다르게 직접 주식을 선정하지 않고, 인덱스 펀드와 ETF를 활용하여 자동으로 자금을 시장에 분산한다. 따라서 그들은 일반적으로 능동적 투자자보다 실적이 좋은 편이다.

수동적 투자의 목표는 시장의 전반적 실적에 부합하는 것이다. 이러한 점에서 수동적 투자는 능동적 투자보다 들이는 시간이 훨씬 적다. 따라서 수동적 투자는 여러 투자자에게 쉽고 매력적인 투자 전략이다.

그렇다면 능동적 투자자에게 시장 수익률을 능가하는 성과를 거두기란 불가능한 일일까? 그렇지 않다. 능동적 투자자의 상당수는 S&P 500과 기타 지수보다 뛰어난 실적을 올린다. 그러나 시장과 재정 전략에 대한 깊이 있는 이해가 충분치 못하고, 고도의 위험을 기꺼이 포용하지 않고서는 좋은 실적을 거두기 어렵다. 수익률이나 주가수익비율(Price-to-Earning Ratio, PER) 같은 것에 신경 쓰는 것을 좋아하지 않는 사람이라면 일반적으로 수동적 투자를 선택하는 것이 낫다.

수동 우선 투자 전략

주식을 선택적으로 투자하고 싶으면서 수동적 투자의 장점까지 놓치고 싶지 않다면 두 가지 투자 철학을 혼합한 방식을 이용하면 된다. 나는 이 방식을 '수동 우선(Passive-first) 투자 전략'이라고 부른다.

수동 우선 투자는 투자 자산 대부분을 인덱스 펀드와 ETF에 투입하고, 일정 비율만 능동적 투자에 사용하는 방식이다. 능동적 투자에 투입할 자산의 비율이 어느 정도인지는 투자자의 위험 허용도와 전반적인 투자 목표 및 가치관에 따라 크게 좌우된다. 위험 허용도가 높을수록 능동적 투자의 비율이 높아지며, 낮으면 그 비율도 그만큼 낮아진다. 보통 능동적 투자에 투자 자산의 20% 이상을 투입하는 것은 고위험군에 속한다.

예를 들어 다수의 수동 우선 투자자는 수동적 투자와 능동적 투자를 9:1의 비율로 나누어 위험 균형(risk balance)을 합리적으로 유지한다. 당신의 투자금 중 90%를 인덱스 펀드에 투자하고, 나머지 10%를 당신이 선택한 주식에 투자하면서 조금이나마 투자의 즐거움을 느껴 보자. 이 10%가 잘못되더라도 당신의 재산에 큰 문제가 생기지는 않는다.

한 해의 투자 수익이 쏠쏠하더라도 능동적 투자의 비율을 급격하게 높여서는 안 된다. S&P 500보다 많은 돈을 버는 것도 좋지만, 단 한 번의 잘못된 투자로 수익 대부분이 날아가 버린다는 사실을 기억해야 한다. 그리고 이 책에서도 논의한 바와 같이 능동적 투자보다는 수동적 투자가 더 좋은 실적을 올리는 경향이 있다.

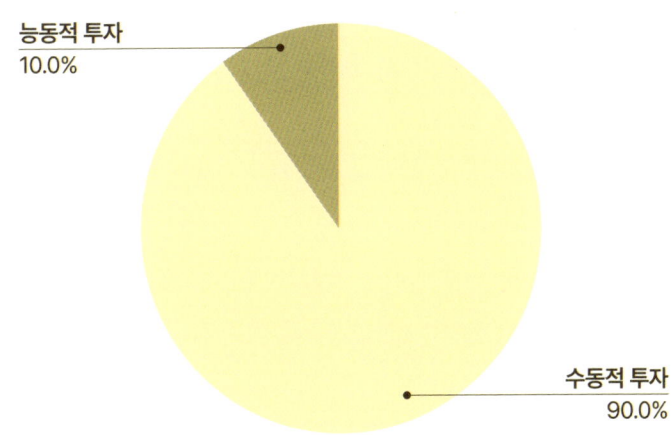

일반적인 수동 우선 투자 전략

능동적 투자자와 수동적 투자자 모두 부자가 될 수 있다. 어떤 투자자든 수동적 투자 또는 수동 우선 투자 전략을 채택하면 백만장자 클럽(double-comma club)[20]에 가입할 가능성이 커진다. 이에 당신이 할 일은 오직 투자이다. 그다음에는 시장이 알아서 최선을 다하도록 내버려두면 된다.

한탕주의를 버려라

벼락부자는 모두의 바람이 아닐까? 이것이 그렇게 쉬운 일이라면 모두가 그 길로 들어섰을 것이다. 그랬다면 당신도 이미 부자가 되었을 것이고, 당신의 이웃 역시 마찬가지였을 것이다.

재산 형성에는 시간이 필요한데, 주식시장에서는 특히 그렇다. S&P 500 지수만 해도 1957년에 출범한 이후로 연평균 11.8%의 기록적인 수익률을 달성했다. 투자 시간이 길어질수록 재산을 형성할 가능성도 커지는 것이다. 이에 그 증거를 하나 제시하겠다.

1990년에 S&P 500에 100달러를 투자했고, 배당금까지 투자한 이후부터는 1달러도 투자하지 않았다고 가정해 보자. 지금쯤이면 당신은 2,390달러의 돈방석 위에 앉아 있을 것이다. 이는 연평균 수익률이 10%라는 의미이다. 이 장의 앞에서 설명한 바와 같이 복리의 힘은 우리의 재산을 기하급

---

20 직역하면 '이중 쉼표 클럽'으로, 현존하는 사교 모임의 명칭이 아닌 부자를 지칭하는 속어이다. 부자와 동의어로 쓰이는 '백만장자'에서 100만이라는 수를 표기할 때, 쉼표가 두 번 들어가기 때문이다.

수적으로 늘린다.

위에서 언급한 수치의 수익률은 2000년대 초의 경기 침체와 2009년의 시장 붕괴, 2022년의 S&P 500 지수의 추락 등을 모두 포함한 수치이다. 이처럼 시장이 심각한 수준의 하락을 기록했음에도 S&P 500 지수는 평균 10% 이상의 수익률을 기록했다. 이것이 시장에서 시간이 타이밍을 이기는 이유다. 즉 투자하는 시간이 길어질수록 재산을 형성할 가능성이 커진다. 여기에서 주식 분할 매수가 도움이 되는데, 그 내용은 다음 장에서 자세하게 소개하도록 하겠다.

나는 증명하기를 좋아하므로 여기서도 또 하나의 사례를 소개한다. 데이비드와 리사라는 가상의 두 투자자를 예로 들어 보도록 하겠다. 데이비드는 며칠 혹은 몇 주 단위로 주식을 매매하여 빨리 수익을 올리고 싶어 하는 단기투자자로, 능동적 투자자이다. 데이비드는 주식시장을 관찰하고 읽기 따분한 분기별 수익보고서를 살피며, 시장의 단기 변동성을 활용하여 주식을 자주 거래하는 데 많은 시간을 들인다.

반면 리사는 전형적으로 수년에서 수십 년에 이르기까지 장기간 주식을 보유해야 한다고 믿는 장기투자자이다. 주식을 선별하고 선택하는 데 따르는 위험을 원치 않는 리사는 인덱스 펀드와 EFT에 투자하며 포트폴리오를 변경하는 일도 거의 없다.

두 사례에서 시간이 지나면 데이비드보다 리사의 수익이 더 많을 가능성이 높다. 단기 투자에는 상당한 위험이 수반되며, 지속적으로 시장 수익률을 능가하기란 쉽지 않다. 이처럼 단기투자자는 한두 번의 단기적인 거래로 수익을 올릴 수는 있지만, 시장 변동성에 취약하므로 결국에는 심각한 손실로 이어질 수 있다.

이와 반대로 장기투자자인 리사는 복리를 통해 수익을 얻는다. 우량 주식을 장기간 보유할 경우, 투자한 기업의 꾸준한 성장에 따라 수익을 얻을 수 있다. 리사 같은 투자자도 하락장과 경기후퇴에 노출되겠지만, 역사가 증명하듯 시장은 언젠가 다시 상승하기 마련이다.

장기투자자는 주식시장이 언젠가 다시 상승한다는 확고한 사실에서 수익이 생김을 기억하자. 그들은 다각화된 종목 포트폴리오를 보유하므로 시장 전체의 성장과 함께한다. 이에 따른 수익률은 역사적으로 연간 8~10% 수준이다.

단기 투자도 이따금 수익을 가져다주기는 한다. 그러나 전반적으로 투자를 유지하는 부류는 장기투자자이다. 결과적으로는 장기투자자가 더 많은 돈을 벌 가능성이 크다.

쉽지만 강력한 주식 분할 매수

우리는 인덱스 펀드와 ETF를 통해 투자가 얼마나 쉬워지는지는 이미 이해했다. 그런데 이보다 더 쉬운 투자 방법이 있다면 어떨까? 바로 '주식 분할 매수'이다.

주식 분할 매수란 주식과 채권 같은 자산을 가격과 상관없이 일정한 시간 간격으로 매수하는 단순한 전략을 말한다. 워낙 쉽고 효과적이라는 이점이 있어 나도 이 투자 전략을 오래도록 활용해 왔다.

예컨대 급여의 20%를 투자하기를 원하며, 2주 단위로 급여를 받는 투자자가 있다고 가정해 보자. 분할 매수 전략을 적용하면 월 또는 연 1회 일시불 투자보다 급여를 받을 때마다 20%를 투자하면 된다. 그런데 시장이 최저점에 다다랐다고 판단하여 많은 돈을 한꺼번에 쏟아붓는 식으로 시장 타이밍에 맞추려 해서는 절대 안 된다. 운이 따르지 않는 이상, 이 방법은 성공하기 어렵다.

이 과정을 더욱 단순화하려면 회사의 급여 공제를 이용하여 정기적으로 투자하거나 격주로 자동이체를 하면 된다. 그러면 시계처럼 정확한 투자가 가능하다. 일일이 기억할 필요도 없다.

나 또한 요즘도 분할 매수 전략을 선호하는 편이다. 그러나 이 방법이 최선의 전략이 아닐 수도 있는 경우가 있기는 하다. 그 예로 상속처럼 금전적으로 횡재했을 때를 생각해 보자. 이때 분할 매수 전략을 구사하여 한꺼번에 큰돈을 투자하는 위험을 줄일 수 있다고 생각할 것이다. 시차를 두고 투자함으로써 시장 변동성의 영향을 완화할 수 있을 테니 말이다. 그러나 이것이 항상 통하지는 않는다.

예를 들어 50,000달러의 유산으로 분할 매수 전략을 구사한다면 그 많은 돈을 단번에 쏟아붓기보다 정기적으로 나누어 투자하게 된다. 그런데 뱅가드에 따르면 이 경우에서 해당 기간의 2/3 동안은 일시금 투자가 분할 투자에 비해 수익률이 높았다고 한다.[21] 물론 항상 그렇지는 않겠지만, 그 이유는 시장이 대체로 상승하기 때문이다.

---

21 Berger, R. "Dollar Cost Averaging vs. Lump Sum Investing—How to Decide." Forbes(2021). https://www.forbes.com/sites/robertberger/2021/02/12/dollar-cost-averaging-vs-lump-sum-investing-how-to-decide/?sh=63f7a667c500.

50,000달러 전액을 단번에 투자하는 것은 곧 전체 투자금을 더 많은 시간 동안 투자한다는 의미이다. 이 장에서 살펴본 바와 같이 자금을 오래 투자할수록 잠재적 수익성도 높아진다. 투자 자금이 쌓여 있을 때, 특히 시장이 안정적인 상승 추세라면 일시금 투자가 더 나을 수 있다.

분할 매수는 장기간에 걸쳐 정기적으로 투자할 훌륭한 기회이다. 또한 많은 사람이 회사의 자동 공제나 은행 자동이체 등의 방식으로 이미 실행하고 있다. 그러나 투자할 돈이 많다면 한 번에 투자하는 것도 최선이 될 수 있다.

하락장에도 반드시 봄은 온다

주식시장에서 돈을 잃는 최고의 방법 중 하나가 바로 시장이 하락장일 때 공황매도(panic-selling)를 하는 것이다. 주가가 떨어질 때의 공황매도는 손실이 확정된 것이다. 손실된 투자 자산을 매도하는 이유는 해당 자산의 가치가 앞으로도 계속 떨어지리라고 믿는 데서 비롯된다.

역사적으로도 시장은 하락이 있어도 결국 반등한다는 교훈을 제시한다. 하락장에서 주식을 매도하면 시장이 회복되는 시기의 이익을 놓칠 가능성이 크다. 그 시기에는 주식이 '염가'이거나 몇 개월 또는 몇 년 전보다 싸기 때문에 더 많은 주식을 매수할 더없이 좋은 기회이기도 하다.

시장이 하락할 때 불안해지는 것은 당연하다. 그러나 감정은 판단력을 흐리고, 시장을 회의적으로 바라보게 한다는 점을 기억해야 한다. 시장에 대해 불확실하거나 회의적인 느낌이 들 때는 손을 떼고 재정적으로 중대한 결정을 보류했다가, 이성이 되돌아올 때 투자를 다시 시작해 보자.

> **실행전략** 앞으로의 실천 과제
>
> **1단계: 퇴직계좌를 최대한 활용하자**
>
> 회사에서 일반 퇴직연금과 로스 개인퇴직계좌를 제공한다면, 이들 계좌에 급여의 일부를 투자해야 한다. 대다수 회사에서는 급여 공제를 제공하므로 해당 계좌에 간편하게 납입할 수 있다. 회사에서 급여의 일정 비율을 401(k)에 비례지원(matching)한다면, 지원액을 모두 받을 수 있도록 충분히 납입하는 것이 좋다. 지원액은 공돈임을 잊지 말자.
>
> **2단계: 증권계좌를 개설하자**
>
> 일반 퇴직연금이나 개인퇴직계좌를 이용할 수 없을 때, 또는 투자 수완이 좋아서 더 많은 투자를 하고 싶다면 뱅가드 같은 투자사에 증권계좌를 개설하자. 그리고 자동이체 방식으로 매달 투자하면 된다.
>
> 또한 당신의 위험 허용도를 기준으로 직접 개별 주식을 선별할 수도 있다. 아니면 낮은 위험과 능동적 투자자보다 우수한 실적을 바란다면 ETF와 인덱스 펀드, 퇴직연금 펀드를 선택하면 된다. 무엇을 선택해야 할지 분명하지 않을 때는 투자사 내 투자 상담사와의 대화를 통해 자신에게 가장 적합한 대안을 결정하는 것이 좋다.
>
> **3단계: 수입의 20%는 투자하도록 다짐하자**
>
> 잦은 투자로 더 많은 수익을 올릴 수도 있겠지만, 그러려면 장기적인 접근이 필

요하다. 매번 급여의 최소 20% 이상을 장기 투자에 투입한다는 목표를 세우자. 아직은 미흡해도 괜찮다. 이것도 하나의 과정이다. 계획을 세우고 계속해서 지키는 것이 중요하다. 따라서 당장은 투자할 수 있는 만큼 투자하고, 급여 인상과 승진 등 직업환경의 성장세에 따라 투자 금액도 서서히 늘려 나가자.

제7장

재정적 변수에 대비하기

　계획에 없는 고액의 청구서는 애써 쌓은 재산을 허무하게 날려 버리는 원인에 해당한다. 이러한 재정적 비상 상황은 우리의 재산을 좀먹을 뿐 아니라 부채의 소용돌이에 빠져 헤어나오기 어렵게 한다.
　지붕에 물이 새는 상황을 생각해 보자. 천장에서 물이 새는 바람에 텔레비전과 컴퓨터 위로 쏟아진다. 그것도 바로 지난주에 산 최신형 컴퓨터에 말이다. "제길, 제길!"이라는 소리가 절로 나올 것이다. 그야말로 큰돈 나가게 생긴 상황이다.
　물이 떨어지는 곳에 양동이 두어 개를 받쳐 놓고 공사업체에 전화를 걸어 집 상태를 봐 달라고 사정한다. 다행히 전화한 당일에 찾아올 수 있는 업체를 찾았다. 물론 이러한 경우는 거의 불가능하겠지만 말이다.
　마침내 공사업체에서 누수된 부분을 살펴보고 수리 견적으로 20,000달러를 제시한다. 그 정도 금액이면 지붕 수리비는 말할 것도 없고, 천장과 벽체 수리비에다 새 전기 배선 설치비에 인건비까지 포함된 금액이다. 그러나 다른 견적서를 받아볼 만큼 선택의 여지가 없는 상황이지 않은가. 지붕에서 물이 새고 있으니 최대한 빨리 손봐야 한다. 어쩔 수 없이 견적을 받아들여 신용카드로 절반을 지불하고 공사를 시작한다.

'삐빅!' 소리와 함께 신용카드에 10,000달러가 결제된다. 공사가 끝날 때까지 추가 비용이 발생하지 않는다고 가정하더라도 신용카드 지출액은 20,000달러를 훌쩍 뛰어넘는다. 그 정도면 평소 지출의 열 배가 넘는 금액이다. 그러면 이제 어떻게 해야 할까?

시나리오 1

그동안 비상금을 충분히 모아 온 당신이라면 큰 문제가 되지 않는다. 그저 비상금을 적립해 둔 저축예금으로 들어가서 당좌예금으로 20,000달러 이상을 이체하고 신용카드 청구서를 해결한다. 그다음에는 다시 작정하고 매달 200달러씩 저축예금으로 이체하여 비상금을 예치하면 된다. 이에 별일 아니라고 자신을 안심시키자. 살다 보면 이런저런 일이 생기기 마련이기에 궂은날을 대비하여 비상금도 마련하는 것이니까 말이다. 그리고 돈을 이체하고 나면 편안한 거실에 앉아 차를 한 잔 들고 느긋하게 TV를 즐기며 마음을 가라앉힐 수 있다.

시나리오 2

월말에 신용카드 대금을 갚을 자금이 부족할 때는 잔액을 다음 달로 이월하면 된다. 이달에 3,000달러를 지출하면, 다른 결제 대금을 제외한 나머지인 최소 17,000달러에 대해서는 약 21%의 높은 금리가 적용된다. 다음 달에 다시 3,500달러를 상환하면 약 13,500달러 정도의 금액이 남는다. 물론 21%가량의 금리는 여전하다. 이와 같은 방식으로 매달 갚아 나가면 된다.

신용카드 대금을 완전히 청산하려면 대략 6개월 정도 걸린다. 대금을 모두 청산하고 나면, 이자로만 수백 달러가 날아갔다는 사실도 새삼 깨닫는다. 거의 6개월 가까이 신용카드 결제 대금을 남겨둔 까닭이 바로 그 때문이다.

이제 당신도 느꼈을 것이다. 당연히 시나리오 1이 바람직하다. 지붕 수리, 자동차 사고, 의료비 청구서 등 예상치 못한 손실이 발생했을 때, 재정적 위기에 대처하기에 충분한 현금을 확보하고 있어야 한다.

부자는 예기치 못한 일에 늘 준비되어 있다. 여유 자금을 쌓지 않고 살았다가는 극심한 스트레스는 차치하고 재정적 재난이 닥칠 수 있음을 잘 알기 때문이다. 따로 모아 둔 자금이 없거나 충분치 않을까 염려된다면, 지금부터 첫 비상금을 마련하는 방법을 배워 보자.

여유 금액을 설정하라

비상금을 다룰 때 가장 고민스러운 부분은 '얼마나'이다. 일단 3~6개월 분의 생계비를 비상금으로 확보하여 궂은날에 대비한 재정적 완충 장치를 마련한다는 목표를 세우자. 그렇다면 누군가 또 이렇게 물을지 모른다. "하지만 스티브, 3개월과 6개월은 차이가 크잖아요. 어느 것을 따라야 하죠?"라고 말이다. 좋은 질문이다. 이제부터 그 내용을 상세하게 살펴보도록 하자.

먼저 저축해야 하는 최소 금액이 3개월분의 생계비여야 하는 이유가 무엇일까? 미국의 경우, 직장을 잃었을 때 다른 일자리를 찾는 데 드는 시간이 보통 3개월 정도면 충분하기 때문이다. 내일 해고되더라도 비상금이 있으면 당장 무일푼이 되지는 않는다. 새로운 직장을 찾을 때까지 적어도 3개월의 여유가 있기 때문이다.

하지만 적어도 3개월분 이상의 생계비에 해당하는 금액을 비상금으로 확보해야 하는 데는 몇 가지 이유가 있다. 위험 감수를 크게 꺼리지 않는 사람이라면 더 많은 돈을 저축해야 밤에 편안히 잠들 수 있다. 상당한 규모의 여윳돈이 있다는 사실에 안심하기 때문이다.

또한 외벌이 가구에서 실직은 매우 심각한 사건이 될 수 있다. 그 예로 네 식구를 먹여 살려야 하는 가장이 실직했다고 하자. 이때 경우에 6개월분의 비상금은 새 일자리를 찾는 동안 끼니마다 식탁에 음식이 올라오고 전기가 끊기지 않도록 하는 재정적 완충재 역할을 한다. 가족이 많을수록 비상금의 규모도 더 커지기 마련이다.

이제부터 당신의 목표는 최소 3개월분 이상의 생계비를 저축예금이나 MMA에 적립하는 것이다. 뜻밖의 금전적 부담을 메워야 하는 상황이 아니라면 이 비상금에 손을 대서는 안 된다. 생계비에는 한 달 동안 지출하는 모든 비용이 포함된다. 대출금/임대료, 공과금, 주유비, 건강 보험, 전화 요금, 반려동물 사료비, 육아 비용 등 지출이 발생하는 모든 것이 생계비에 해당한다.

이 외에도 거주지에서 가입한 스트리밍 서비스까지 현재의 생활 방식을 유지하는 데 매달 5,000달러를 지출한다면, 목표 비상금은 15,000달러가 된다. 이 돈은 자기도 모르게 지출하기 쉬운 당좌예금에 넣지 말고, 별개의 저축예금이나 MMA에 보관하는 것이 좋다. 이제 첫 비상금을 마련하는 3단계 지침을 살펴보자.

1단계: 따로 보관하자

비상금을 당좌예금에 같이 보관해서는 안 된다. 그랬다가는 의도나 실수 여부와 관계없이 돈을 써 버리기 쉽다. 따라서 비상금은 저축예금이나 MMA에 보관해야 한다.

이 단계는 식품 저장고에 초콜릿을 보관하는 것과 같다. 초콜릿을 보면 먹고 싶은 유혹을 느끼기 마련이다. 하지만 그 유혹에 넘어가지 않도록 하자.

나는 비상금을 저축예금에 보관한다. 조금이나마 이자를 받을 수 있고, 당좌예금과 완전히 분리되어 있어 실수로 지출할 일도 없기 때문이다. 반면에 뜻밖의 지출이나 긴급한 상황이 발생하면 언제든 손쉽게 꺼내 쓸 수 있다.

논란거리가 있다면, 누군가 3개월분의 생계비는 너무 많은 돈이라서 주식시장에 투자하는 편이 낫다고 주장하는 사람들도 있다는 것이다. 주지하는 바와 같이 현금은 주식시장에 투자한 돈처럼 늘어나지는 않기 때문이다.

그러나 나는 그 주장에 동의하지 않는다. 예상치 못한 비용을 감당하느라 어쩔 수 없이 주식을 팔아야 할 수도 있기 때문이다. 무엇보다 주식을 팔면 세금을 내야 한다. 그리고 주식을 매도하는 과정이 자신의 통제에 따라 완벽하게 이루어지기 어렵다.

게다가 이 돈이 필요한 시점에 공교롭게도 시장이 하락세를 겪으면서 가용 현금이 반쪽이 될 수도 있다. 비상금 저축은 바로 이러한 것이다. 투자가 아니다. 이자가 나오는 저축예금에 보관함으로써 시장의 등락에서 당신의 돈을 안전하게 지켜야 한다.

2단계: 비상금을 최우선으로

비상시에 대비하여 따로 모아 둔 돈이 없을 때는 비상금을 우선시해야 한다. 비상금 확보는 투자나 부채 상환보다 중요하다. 비상 상황이 큰 빚의 원인이 될 수 있음을 명심하기 바란다. 뜻밖의 큰 지출로 그동안 쌓아온 재산이 무너질 수도 있기 때문이다. 또한 예상치 못한 지출이나 실직에 금전적으로 잘 대처할수록 신용카드 부채의 위험을 떠안지 않고도 슬기롭게 헤쳐 나갈 수 있다.

미국인의 절반 이상은 저축한 돈으로 1,000달러 수준의 비상 상황에조차 대처하지 못한다. 다시 말하면 그들은 해당 비용을 신용카드로 해결하면서 고금리의 신용카드 부채를 쌓아 간다는 뜻이다. 따라서 신용카드를 사용하지 않거나 돈을 빌리지 않고 1,000달러조차 쉽게 해결할 수 없다면, 궂은 날을 대비한 비상금을 1순위로 정해야 한다.

비상금을 만드는 과정 역시 자동화 시스템을 활용하여 손쉽게 처리할 수 있다. 자동화에 관해서는 이어지는 3단계에서 더 자세히 설명하겠다.

3단계: 자동화로 간편하게

자동화를 다룬 제5장을 읽었다면, 내가 자동화 시스템으로 손쉽게 돈을 관리한다는 점도 잘 알 것이다. 투자와 저축 같은 반복적인 작업을 컴퓨터를 활용하여 자동화하는 것도 비상금을 손쉽게 마련하는 훌륭한 방법이다.

자동화가 중요한 이유를 몇 가지 정리하면 다음과 같다. 컴퓨터는 현금 이체를 잊어버리는 법이 없으므로, 자동화는 사람의 수고를 줄여 준다. 사람이 직접 처리하다가는 언제든 실수가 따를 수 있기 때문이다. 그리고 대다수 은행에서는 매달 반복되는 현금 이체를 손쉽게 설정하도록 돕는 온라인 시스템을 갖추고 있으므로 송금 관리를 간편하게 할 수 있다.

따라서 저축예금 계좌에 접속하여 당좌예금에서 매달 적정 수준의 금액을 이체하도록 설정하자. 이때 저축예금으로의 이체가 원활하게 이루어지기 이전에 주 당좌예금과 저축예금을 연결해야 한다는 점에 유의하자.

한 번 예약 이체를 설정하면 손가락 하나 까딱하지 않아도 매달 자동이체가 실행된다. 느리지만 확실하게 비상금을 저축할 수 있다. 또한 자동화 시스템은 깜빡하는 법이 없다. 한 번 설정하면 절대 잊어버리지 않는다.

로마는 하루아침에 만들어지지 않았다. 6개월분의 비상금도 마찬가지다. 당장 한 달에 50달러밖에 저축할 수 없다고 해도 상관없다. 일단 50달러로 시작하고, 나중에 가능할 때 금액을 늘리면 된다. 비상금 저축은 마라톤이지 단거리 질주가 아니다. 중요한 것은 3~6개월분의 생계비를 저축하기 시작하여 사용하고 싶을 때가 아닌, 사용할 준비가 될 때까지 꾸준하게 모으는 것이다.

비상금은 투자가 아니다

앞에서도 강조했듯이, 비상금을 주식시장에 투자해서는 안 된다. 뜻밖의 지출을 메우려고 주식을 어쩔 수 없이 매도하면서 소득세까지 내는 일은 없어야 하기 때문이다. 주식은 자기가 원할 때 매도하는 것이다. 따라서 여기에서는 좋은 비상금 보관처를 소개한다.

저축예금

가장 간편하면서 단순한 비상금 보관처이다. 저축예금은 당좌예금과 물리적으로 분리되어 있으므로 실수로 지출되는 일이 없도록 막아 준다. 비상금을 더 확실하게 보호하고 싶다면 주 당좌예금을 개설한 은행과 다른 은행에서 저축계좌를 개설하는 것도 한 가지 방법이다.

은행을 달리하면 당좌예금 은행에 온라인으로 접속하더라도 비상금 계좌를 확인할 수 없다. 그리고 현금을 이체하려면 번거로운 절차를 거쳐야 한다. 따라서 비상시가 아닐 때 비상금을 함부로 쓰기가 어렵다.

비상금 계좌는 '고수익 저축예금(High-Yield Savings Account, HYSA)'을 활용하자. 인당 250,000달러까지 연방 보험이 적용되어 안전하다. 게다가 이자도 붙으므로 매달 원금을 조금씩 불려 나갈 수 있다. 이자율은 은행마다 천차만별이며 주기적으로 달라진다. 내가 본 일부 저축은행의 이자율은 5~6% 이상이었던 반면, 0.01%에 불과한 은행도 있었다.

머니 마켓 계좌

은행과 신용협동조합 등에서 운용하는 머니 마켓 계좌(이하 MMA)는 일반적으로 저축예금보다 이자율이 높은 유형의 은행 계좌이다. 다만 MMA는 저축예금보다 최초 예치금과 잔액이 많으며, 월별 거래 횟수에 제한을 두기도 한다. 그러나 이는 특별히 긴급한 경우가 아니라면 별 문제가 되지 않는다. MMA도 저축예금처럼 미국 연금예금보험공사(Fedaral Deposit Insurance Corporation, FDIC)에서 원금을 최대 250,000달러까지 보장한다.

양도성 예금증서

양도성 예금증서(Certificate of Deposit, 이하 CD)는 비상금을 마련하는 수단으로는 매력이 떨어지지만, 일부 사람에게는 매우 효과적이다. CD는 저축예금이나 MMA보다 이자율이 높지만, 시간의 제약이 있다. 또한 위약금 없이 인출할 수 있는 시기도 제한적이다.

CD의 기간은 대부분 1개월에서 10년 이상으로, 기간이란 CD에 돈을 예치해 두기로 약정한 시간을 말한다. 만기일 이전에 CD를 환급할 때는 위약금이 부과된다. 이러한 점에서 CD는 비상금을 일부 보관하는 용도로는 좋은 대안이다. 하지만 위약금 없는 인출은 불가능하기에 비상금 전체를 계좌에 묶어 두는 것은 권하지 않는다. 예컨대 결혼 5주년을 기념하여 갈라파고스 제도로 여행을 가는 등 미래의 특정 시기를 지정하여 저축하려는 사람에게는 CD가 훌륭한 선택이 될 수 있다.

우리의 지갑을 노리는 비상 상황

이 장을 끝내기 전에 비상 상황의 개념을 잠시 언급하려 한다. 물론 그동안 눈여겨보던 최신형 텔레비전의 할인 판매가 시작된 것은 비상 상황이 아니다.

비상 상황이란 고액의 긴급 자금이 필요한 예상치 못한 사건을 말한다. 앞에서 소개한 것처럼 지붕이 새는 경우가 좋은 예이다. 이는 누구도 예상치 못했을 뿐 아니라 반드시 해결해야 하는 상황이기 때문이다. 비상 상황의 예는 다음과 같다.

- **반려동물 의료비**: 반려동물이 다치거나 병에 걸리는 등 뜻밖에 발생한 의료비에 사용한다.
- **실직**: 실직했다면 새 일자리를 구하기까지의 생활비를 충당하는 데 쓴다.
- **자연재해**: 허리케인, 토네이도 같은 자연재해는 느닷없이 발생하며, 이를 해결하기 위해 긴급 자금이 필요하다.
- **사고**: 자동차 수리, 특히 예상치 못한 사고 때문이라면 큰돈이 들 수 있다. 특히 자동차 문제로 수리비가 필요할 때 비상금이 도움이 된다.
- **질병 의료비**: 건강보험에 가입되어 있더라도 뜻밖의 의료비로 큰돈이 들기도 한다. 이때 비상금은 초과비용과 본인부담금, 기타 잡다한 손실을 메우는 데 도움을 준다.

실제 사례

어느 날 저녁, 아내와 내가 현대 소나타를 타고 집으로 돌아오는 길에 토끼 한 마리가 도로로 뛰어드는 바람에 자동차 하부가 파손되어 2,000달러의 수리비가 들었다. 토끼 한 마리 때문에 2,000달러라니! 사고는 늘 이런 식으로 발생하여 뜻밖의 큰 지출을 안긴다. 하지만 우리는 비상금 덕분에 금전적 부담을 그저 불편함 정도로 넘길 수 있었다. 이것이 바로 비상금이 있어야 하는 이유이다.

실행전략 앞으로의 실천 과제

1단계: 비상금이 없다면 당장 모으기 시작하자

저축예금을 개설하고, 그 계좌를 비상금 저축용으로 활용하자. 주 당좌예금 계좌에서 저축예금 계좌로 은행 자동이체를 설정한 후 원하는 만큼 이체하면 된다.

2단계: 비상금에 손대지 말라

비상금에서 돈을 조금만 '빌리고픈' 유혹을 느낄 수 있겠지만, 그래서는 안 된다. 비상금이란 자동차 대리점의 '기념일 특별 할인'이 아니라 진짜 비상 상황에 대비하여 모은 것이기 때문이다. 비상금에 손을 대는 것은 결국 자기 돈을 훔치는 것이다. 그러니 비상금은 애초부터 없는 돈이라 생각하고, 필요한 상황에만 사용해야 한다.

3단계: 필요한 때 사용하라

믿기지 않을 수도 있지만, 비상금을 마련하는 데 너무 많은 시간이 걸렸고, 그 시간 동안 이 돈과 특별한 감정적 유대를 형성하는 바람에 정작 필요할 때 비상금을 사용하지 못하는 사람도 있다.

하지만 그럴 필요는 없다. 비상금을 적립한 데는 이유가 있다. 비상금을 사용하고 싶지 않다고 해서 빚을 져서는 안 된다. 빚을 지지 않으려고 비상금을 모았기 때문이다. 물론 당장은 신용카드를 사용해야 할 수도 있다. 그런 다음 저축예금 은행에 접속하여 신용카드 회사로 직접 이체하거나, 아니면 주 당좌예금 계좌로 이체한 후에 다시 신용카드 대금을 결제하면 된다.

제8장

부자의 품격 갖추기

'운'. 여기저기서 참 많이 들리는 말이다. 내가 소셜 미디어에서 부자나 갑부에 관한 이야기를 할 때마다 일각에서는 그들의 성공이 순전히 운이 좋아서라고 비아냥댄다. 전적으로 행운 덕이라고 말이다.

"사업에 성공했다고? 부모를 잘 만나서 그랬겠지."
"30대에 부자가 되었다고? 유산이라도 물려받은 거 아니야?"

그런데 우리는 역대 최고의 인기 NBA 선수 마이클 조던의 성공을 두고 그냥 운이 좋았을 뿐이라고 말하는 것을 들어 본 적은 없다. 몇몇 경우를 제외하면 대부분의 스포츠 스타를 두고 운이 좋았다고 생각하는 경우는 없다. 그들이 프로 리그에 진출하여 선수로 뛰는 내내 최고 수준의 경기력을 보여 주기 위해 매일같이 반복되는 혹독한 훈련과 노력을 모두가 잘 알기 때문이다.

스포츠 선수들은 매일 체육관에서 정해진 시간 동안 땀을 흘린다. 그리고 훈련이 끝나면 단거리 달리기로 심폐 기능을 강화한다. 그러다 무언가 잘못했을 때는 코치가 고래고래 지르는 고함도 들어야 했다.

노스캐롤라이나주 윌밍턴에 있는 레이니 고등학교에 다니던 마이클 조던은 2학년 때 농구팀 1군에 탈락한 일을 계기로 실력을 향상하고자 다짐했다. 조던은 기술을 연마하고 경기력을 키우는 데 수천 시간을 쏟아부었다. 아침에 일찍 일어나 등교하기 전부터 연습을 하고, 학교에서는 팀 훈련에 참여했다. 훈련이 끝난 뒤에도, 그는 혼자서 오랫동안 연습을 계속했다. 그가 결국 1군에 발탁되어 뛰어난 선수로 성장할 수 있었던 배경에는 이처럼 피나는 노력이 있었다.

프로 스포츠 선수가 프로 스포츠계로 진출한 것을 두고 '운이 좋았다.'라고 말하는 사람은 없다. 하지만 인생의 다른 영역에서 돈과 성공에 관한 언급이 있을 때마다 하나같이 '운'을 들먹이는 모습을 보면 참 희한하다. 사람들은 죄다 스스로 이룬 것이 아니라고, 운이 좋거나 부모가 부자라서 가능한 일이라 말한다.

미국의 금융 거물 데이브 램지(Dave Ramsey)는 밀레니얼 세대의 약 74%가 재산을 상속받아 부자가 되었다는 생각을 한다는 사실을 발견했다. 다시 말하면 밀레니얼 세대에서 무려 3/4이 부자가 된 이유를 순전히 운이 좋았기 때문이라고 믿고 싶어 한다는 것이다. 그뿐 아니라 베이비붐 세대의 절반 이상도 그와 같은 믿음을 갖고 있다.

모두가 순전히 운이었다는 것, 이 얼마나 빈곤한 사고방식인가! 나는 돈과 상속, 운을 주제로 온갖 연구와 보고 사례를 살펴보았는데, 그 결과는 놀라웠다. 수치상으로 부자의 대다수가 자수성가형이라는 사실이 밝혀졌다. 그저 운이 좋아 돈을 번 게 아니었다. 상속받은 것도 아니었다. 부자 중 상당수는 평생 100,000달러 이상의 연봉을 받은 경험도 없었다. 그 예는 다음과 같다.

- 데이브 램지의 조사에 따르면, 부자의 21%만 유산을 상속받은 것으로 나타났다. 그중에서 100만 달러 이상을 상속받은 사례는 3%에 불과했다.
- 카토 연구소(The Cato Institute)에서는 "대다수 부자는 재산을 물려받았다."라는 말은 잘못된 통념이라고 말한다. 실제로 "미국 부유층의 70%는 중산층 또는 하류층 가정에서 성장했다."
- 전 세계 부유층을 연구하는 웰스-X(Wealth-X)에서는 창업 및 투자로 자수성가한 부자는 10명 중 7명꼴이라는 사실을 발견했다.

물론 유산 상속으로 부자가 된 사례도 일부 있지만, 세대를 거친 부의 이전은 시간이 지날수록 점점 감소하고 있다. 이는 물려받은 재산이 세대를 거치며 점차 줄어드는 경향이 있으며, 일반적으로 3대째에 이르면 그 재산의 대부분이 고갈됨을 뜻한다. 즉 이 수치는 최근의 부자 사이에서 자수성가형 부자가 가장 흔한 유형이라는 사실을 뒷받침한다.

위에서 제시한 수치는 성공의 일차적 동력이 운이라는 주장을 직접 반박하는 근거에 해당한다. 좋은 소식이지 않은가. 가정적 배경이나 유산 상속 여부와 관계없이 누구나 성공할 수 있다는 의미이기도 하다. 그러나 부자가 되고 싶다면 그만큼 노력해야 한다. 사실 이 점이 가장 어려운 부분이다.

그래도 성공하기 위해 꼭 '운이 좋아야' 할 필요는 없으니 다행이지 않은가.

성공은 쉽게 다가오지 않는다. 쉽게 다가왔다면 우리 모두 성공의 주인공이 되었을 것이다. 그렇기에 많은 노력이 필요하다. 정말 열심히 해야 한다. 제1장에서와 같이 '아니오'보다는 '예'라고 말할 수 있어야 한다.

논의를 이어 나가기 전에 인정해야 할 사실이 하나 있다. 운은 분명 존재한다는 것이다. 출생지와 성장 과정, 피부색 등까지 우리가 일일이 통제할 수는 없다. 태어날 때 이미 정해진 선천적 질병이나 신체적, 정신적 장애도 우리가 어찌할 수는 없다. 우리의 통제 범위를 넘어서는 외적 요인이 인생의 성공에 미치는 영향에 대해서는 의심의 여지가 없다.

반면에 인정하고 싶지는 않을지 몰라도, 인생에서 우리가 완전하게 통제할 수 있는 것은 놀라울 정도로 많다. 성공은 우리가 통제할 수 없는 것에 좌우되지 않는다는 사실을 입증할 정도로, 세상에는 가난뱅이에서 부자로 성공한 이야기가 헤아릴 수 없이 많다. 의외로 우리가 통제할 수 있는 요소가 가장 큰 차이를 만들어 낸다.

순간의 선택이 평생을 좌우한다

제6장에서 설명한 '복리'의 개념을 기억할 것이다. 복합적이라는 것은 비단 투자에서만 나타나는 현상이 아니다.

우리의 선택은 복합적이다. 긍정적이기도, 부정적이기도 하다. 또한 우리의 모든 선택에는 결과가 있으며, 그 모든 결과는 시간과 맞물려 복합적으로 나타난다. 그 이유를 지미의 사례를 통해 함께 살펴보도록 하자.

지미는 교외에서 남부럽지 않게 성장했다. 평범한 2층 주택에 살면서 버스로 통학했고, 집으로 돌아오면 어머니가 늘 반겨 주었다. 그런 지미가 어려서 큰 잘못을 저질렀다. 나쁜 친구들과 어울리다가 자동차 절도로 체포된 것이다. 그렇게 감옥에 수감되면서 전과기록도 남았다. 결국 지미의 잘못된 선택이 도미노 효과를 일으켰고, 부정적인 복합 효과를 낳았다.

지미는 범죄전력으로 최저임금 수준의 일자리만 구할 수 있다. 그리고 최저임금은 투자를 할 만큼의 수입이 되지 못한다. 투자를 하지 못하면 지미는 장기적으로 재산을 쌓을 수도 없다.

이제 샐리의 사례를 보자. 샐리는 지미와 다르게 저소득층 가정에서 자랐다. 그녀는 학교에서 인기 있는 학생은 아니었지만, 성적이 좋아서 4년제 주립 대학교에서 장학금을 받았다. 대학에서 회계학을 전공한 샐리는 졸업 후 좋은 회사에 취업했다.

직업의 특성상 샐리는 투자까지 충분히 가능할 정도의 임금을 받았고, 그렇게 투자는 시작되었다. 그녀는 더 좋은 직장을 구하면서 급여도 늘어나 본격적으로 투자를 가속화하는 동시에 개인적인 욕구는 적절히 조절하였다. 샐리는 여전히 15년 된 자동차를 끌고 다니며, 식료품도 브랜드가 아닌 제품만 구입한다. 그렇게 40세가 되어 샐리는 부자의 대열에 합류했다.

사정을 잘 모르는 사람은 샐리가 운이 좋았다고 말할지도 모른다. 대다수는 그녀의 불우한 성장사보다는 열심히 일한 결과물만 볼 테니 말이다. 그렇다면 지미는 어떤가? 전과기록 때문에 고소득 일자리를 얻고 부를 쌓을 기회를 놓쳤으니 불운하다고 해야 할까?

여기에서 흥미로운 점이 있다. 만약 지미가 자동차 수리를 배우기 위해 지역전문대학(Community College)에 진학한다면 어떨까? 수업 중에 어느 자동차 정비소 주인을 만났는데, 그가 지미를 정비공으로 고용한다. 지미는 누구보다 성실하게 일하여 관리자로 승진하였다. 그러던 어느 날 부유층 고객과도 친분을 쌓으면서 우연한 계기로 그 고객과 함께 정비소를 개업하기로 결정한다.

여기서 똑같은 질문을 하겠다. 지미는 여전히 불운한 걸까? 아마 지미가 정비소를 열고 싶어 하는 부유층 고객을 만난 것을 '운'이라고 할지도 모른다. 그럴지도 모르겠다.

하지만 동전에는 항상 양면이 있는 법이다. 지미가 지역전문대학에서 열심히 공부한 덕에 자신의 직업윤리를 믿고 기회를 준 정비소 주인을 만날 수 있었으며, 정비소에서 부유층 고객도 만난 것이다. 누구도 아닌 바로 지미 본인의 결정으로 그 고객을 만날 조건을 만든 것이다. 또한 학교를 선택한 것도, 열심히 노력하기로 다짐한 것도 모두 지미의 덕이다.

지미는 지역전문대학을 선택함으로써 그동안의 도미노 효과를 끊고 부정적 복합 효과를 역전시켰다. 지미의 정비소가 번창하여 많은 돈을 벌기 시작하면 사람들은 아마 그에게 운이 좋다고 할 것이다. 많은 돈을 물려받았거나 사업에 도움을 줄 부유한 부모가 있었을 테니까.

솔직히 위의 사례는 지나치게 단순화된 경우이다. 이 주제는 생각보다 복잡하다. 하지만 운이 존재한다는 것도 틀린 말은 아니다. 선진국에서 자애로운 부모님 슬하에 태어나 인터넷에 접속할 수 있는 우리는 굉장한 행운아이다.

그러나 세상에는 불운한 사람들도 많다. 누군가는 다른 이보다 더 치열하게 사는 한편, 다른 이에게는 삶이 너무도 힙겹다. 그러나 다행히도 부정적 복합 효과는 뒤집을 수 있다.

행운을 부르는 부자들의 철칙

부자는 자기만의 운을 창조하는 방법을 안다. 그들이 어떠한 방식으로 운을 만들어 내는지 앞에서도 이미 여러 가지를 언급한 바 있다. 예를 들어 불편해 보이는 상황에서도 '예'라고 대답하면, 처음 보는 사람들을 만나 새로운 역량을 익히면서 더 많은 기회를 얻는 데 유리한 입지를 다질 수 있다.

회사에서 급여 인상을 요청하면 실제로 급여가 인상될 수도 있다. 급여가 높아지면 신용카드 빚에서 벗어나 미래를 위해 투자하면서 40~50대에 부자로 은퇴할 수도 있다. 적극적으로 급여 수준을 높이려는 선택이 오랜 시간과의 복합 효과로 100만 달러의 종잣돈이 되었다. 그리고 그 덕분에 미래에는 다양한 선택권을 누릴 수 있게 된다. 일찍 은퇴할 수도 있고, 여행을 다니거나 가족과 더 많은 시간을 보낼 수 있도록 비교적 여유로운 파트 타임 직업에 종사할 수도 있다.

또 규칙적인 운동 습관을 들이기 시작하면서 몸과 마음도 건강해지고 외모도 더 멋지게 바뀔 것이다. 매주 사흘씩 꾸준히 운동하는 습관을 여러 해 동안 꾸준히 실천한다면 새로운 일에 도전적이며, 어떠한 상황에서도 최선을 다하는 자신만만하고 열정적인 사람으로 거듭날 수 있다.

좋은 선택은 시간이 흐를수록 복합적인 효과를 낸다. 그리고 그러한 선택은 바로 부자가 자기만의 운을 창조하는 방법이다. 아직 자기만의 행운을 창조하는 방법을 잘 모르더라도 걱정할 필요 없다. 당신을 '운 좋은' 사람으로 만들 10가지 방법을 다음에 소개한다.

긍정적인 사고방식을 받아들이자

사람들은 대부분 긍정적인 사람과 어울리기를 바란다. 부정적인 생각은 우리의 활력을 고갈시키고 기분에도 나쁜 영향을 미친다. 긍정적으로 사고하는 사람은 기회에 열려 있고, 집중하며 의욕을 불태운다. 큰 업적을 이룰 수 있다고 믿는다면 그 일이 반드시 일어날 것이다. 물론 그 큰일이 하룻밤 사이에 이루어지거나 노력 없이 성취되지는 않는다. 하지만 큰일을 이루기 위한 첫 단계는 할 수 있다는 믿음이다.

당신이 이미 긍정적인 사람이라면, 축하부터 해야겠다. 당신이 긍정적이라면 이 문제는 이미 해결된 것이나 다름없기 때문이다. 하지만 그렇지 않다고 해서 고민할 필요는 없다. 이제 긍정적 사고방식을 받아들이는 방법을 함께 이야기해 보자.

주변을 온통 긍정으로 채우자

우리 주변에 있는 사람들은 우리의 기분과 사고방식에 큰 영향을 미친다. 당신에게 좋은 자극을 주고, 밝은 면을 바라보는 사람들로 주변을 채우자. 부정적인 사람은 당신을 위축시키므로 피해야 한다.

자기관리를 실천하자

제2장에서 설명한 바와 같이 신체적, 정신적, 감정적으로 자신을 보살피는 것이 곧 시간을 잘 쓰는 방법이다. 욕구가 해결되면 우리의 시야도 자연

스럽게 긍정적으로 확장된다. 밤에 충분히 자고, 건강하게 먹고, 규칙적으로 운동하고, 좋아하는 일을 실천하는 것 등이 이 범주에 속한다.

부정적인 상황을 바꾸어 생각해 보자

부정성(negativity)은 우리 삶에서 자연스러운 것이다. 일은 언제든 잘못될 수 있다. 그 일로 스트레스를 받는 날도 있는 법이다. 그러한 날을 피할 도리는 없지만, 관리할 방법은 있다. 부정적인 생각이 들 때는 더 긍정적으로 생각해 보려고 노력하자. "난 못 해요."보다는 "그래도 최선을 다해 볼게요!"라고 말하자. 이와 같은 성장형 사고방식(growth mindset)은 좌절과 어려움에도 긍정적인 관점을 갖게 한다.

매사에 감사하자

잠시 여유를 갖고, 당신의 삶에서 일어나는 좋은 일을 모두 인정하자. 언제든 좋은 일은 있으니 말이다. 그리고 부족한 면보다는 감사한 부분에 집중하도록 의식적으로 노력하자. 이러한 시도는 부정적 사고를 긍정적 사고로 전환하는 데 도움을 준다. 당신이 가장 앞서가는 사람은 아니더라도, 근근이 입에 풀칠이나 할 수 있을지를 걱정할 필요까지는 전혀 없다는 말이다.

계산된 위험은 받아들이자

위험이 부자를 만든다. 멋진 비행기에서 낙하산을 메고 뛰어내릴 때의 위험을 말하는 게 아니다. 그것은 전혀 다른 종류의 위험이다.

내가 말하고자 하는 위험이란 당신을 더 부유하고, 성공한 사람으로 거듭나게 하는 것을 의미한다. 투자에도 항상 위험이 따른다. 다만 장기 투자는 예외적으로 사람들을 부유함으로 이끄는 훌륭한 길이라는 사실이 역사적으로도 입증되었다.

계산된 위험이 보상을 낳을 확률은 생각보다 높다. 여기서는 위험을 감수할지 말지를 판단하는 몇 가지 방법을 소개한다. 그 예로 당신이 동네에서 아이스크림 가게를 시작하고 싶어 한다고 가정해 보자. 그곳에 이미 유명 아이스크림 프랜차이즈 매장이 있지만, 당신은 지역 기반의 동네 아이스크림 가게도 충분히 승산이 있다고 생각한다.

보상을 이해하자

이 결정에 뒤따를 잠재적 위험과 보상을 분석하자. 그리고 두 요소에 대한 목록을 만들어 비교해 보자. 예컨대 실패의 위험이 성공의 보상을 크게 앞지른다면 이 결정은 너무 위험하다.

아이스크림 가게를 성공적으로 창업했을 때의 보상은 자명하다. 당신이 아이스크림을 죄다 먹어치우지 않는 한은 그렇다. 당신은 가게에서 돈을 벌면서, 나아가 지역사회에서 긍정적인 영향력을 행사하는 사람이 될 수도 있다. 그리고 그 지역의 고등학생을 방과 후에 점원으로 고용하고, 수익의 일부를 지역 자선단체에 기부할 수도 있다.

실패하면 어떡하냐고?

그렇다면 다음과 같은 질문을 통해 실패의 결과를 분석하자. 사업이 성공적이지 못하더라도 쉽게 회복할 수 있는가? 아니면 당신의 삶과 돈과 사업 또는 가족에게 심각한 악영향을 끼칠 것인가? 그리고 일이 정말로 잘못되었을 때, 최악의 시나리오는 무엇인가?

아이스크림 가게 창업에 실패하면 일차적으로 당신의 돈이 사라진다. 많은 돈을 잃을 수도 있다. 냉동 장비를 구매하고 대로변에 작은 가게를 임대하려 사업자금을 대출받았다면, 그 돈을 갚기 위해서라도 빨리 다른 일자리를 구해야 하는 압박감에 시달릴 것이다. 또 가게 운영에 실패한다면 당신의 가족이나 친구들이 곤란해질 수도 있다.

조언을 구하자

당신보다 먼저 그 위험을 경험한 사람들이 있을 것이다. 당신이 고민하는 분야의 전문가나 경험자들과 이야기하자. 당신의 결정에 대해 그들의 의견과 조언을 구하자.

사업을 시작한 친구나 이웃이 주변에 있는가? 아니면 대로변에 상점을 소유한 사업주와 친분을 쌓고 그들에게 어떤 어려움이 있는지 물어보자. 굳이 주변이 아니더라도 해당 지역에서의 창업 정보는 온라인에서도 많이 얻을 수 있다.

계획을 세우자

성급하게 시작하지 말고, 계획을 세우고 계산된 위험을 받아들이면서 앞으로 나아갈 방향을 결정하자. 그 과정에서 발생할 수 있는 돌발상황이나 잠재적 방해 요소 등을 예측하고, 이에 어떻게 대처할지 계획하자. 지금까지의 내용에 따라 당신이 창업할 아이스크림 가게의 사업 계획을 다음과 같이 정리할 수 있다.

샐리스(Sally's) 아이스크림은 따뜻하고 가정적인 분위기에서 고급스러운 맛의 아이스크림과 토핑을 선보일 것이다. 연휴와 차 없는 날에는 무료 시식과 정기 할인권을 포함하여 고객들에게 탁월한 서비스와 독특한 경험을 제공하는 데 주력할 것이다. 우리의 목표는 아이스크림 애호가들이 즐겨 찾는 지역 단골 가게가 되는 것이다.

최근 몇 년 동안 아이스크림 산업은 꾸준히 성장해 왔고, 고품질의 수제 아이스크림에 대한 지역 기반 점포 사업자의 수요도 지속적으로 증가하였다. 본 점포의 고객층에는 어린이와 청소년, 관광객이 포함된다. 본점은 유동인구가 많은 번화가에 위치하여 목표 시장에 쉽게 접근할 수 있다. 영업시간은 오전 11시부터 오후 8시까지이며, 여름에는 오후 10시까지 연장한다.

예상 창업 비용은 약 120,000달러이며, 여기에는 장비 구매비, 임대료, 재료비, 직원 급여가 포함된다. 첫해 예상 총수입은 200,000달러이고, 그중 순이익은 50,000달러로 추정한다. 이익의 80%는 마케팅과 제품 구성을 확장하는 데 사용할 것이다.

사업 진행 과정을 추적 관찰하자

당신이 내린 결정이 불러올 결과에 주목하자. 잠재적 방해 요소를 조기에 발견할수록 사업 진행을 더 쉽게 조정하고, 더 큰 실패를 피할 수 있다.

아이스크림 가게의 재무관계를 지속적으로 면밀히 주시해야 새 사업체의 성공적인 운영을 담보할 수 있다. 예를 들어 고객들이 평소보다 늦은 시간에도 아이스크림을 찾는 여름에는 폐점 시간을 오후 11시까지로 연장하는 방법도 생각해 볼 수 있다. 또한 아이스크림 보관 비용이 예상보다 많이 들 때는 그 비용만큼 가격을 올리거나 직원의 근무 시간을 줄이는 방식으로 대처할 수 있다.

주도적으로 행동하자

부자는 일이 저절로 이루어질 때까지 기다리지 않는다. 그들은 목표를 이루기 위해 삶의 모든 측면에서 주도적으로 행동한다. 이러한 행동은 당신의 일과 삶을 온전히 관리하는 운전대를 잡는 것과 다름이 없다. 물론 주도적인 행동에도 연습이 필요하다. 나를 포함한 많은 사람이 주도적으로 행동하기를 꺼리거나 두려워하는 듯해 보인다. 그러나 막상 행동해 보면 생각보다 수월할 것이다.

주도적으로 행동하면 잠재적인 문제를 조기에 발견할 수 있다. 따라서 일이 더 심각해지기 전에 해결책을 찾을 수 있다. 그리고 문제를 해결하는 능력이 향상되면서 갖은 어려움에도 탄력적으로 대응할 수 있다.

장담하건대, 고용주는 문제가 발생하기 전에 이를 사전에 발견하고 그 해결책까지 제시하는 직원을 1순위 승진 대상자로 꼽는다. 여기에서 선제적 행동의 사례를 몇 가지 소개하고자 한다. 물론 선제적 행동도 부자의 습관이므로 이 책의 여러 부분에서 그 사례를 자주 소개하고 있기는 하다.

규칙적으로 운동하자

신체가 튼튼하고 건강하면 활력과 자신감도 상승한다. 운동을 시간 날 때 한 번씩 하는 일이 아닌, 생활 습관으로 만들자.

오늘의 할 일 목록을 작성하자

매일 또는 전날 밤에 해야 할 일을 목록으로 작성하면 아침에 눈을 뜨자마자 하루를 올바르게 시작할 수 있다.

마음을 지속적으로 점검하자

행복하고 생산적인 느낌이 드는지, 인간관계는 원만한지, 지금 하는 일이 당신에게 잘 맞는지 등 언제나 솔직한 태도로 정신 상태를 점검하자.

직장에서 으뜸이 되자

나는 직장에서 늘 으뜸가는 사람이었고, 이것이 큰 차이를 만들었다. 내가 아침 10시까지 처리한 일의 양이 웬만한 동료들이 하루 종일 한 일보다 많았다.

추가적인 책임에 자원하기

더 많은 업무에 뛰어드는 것은 급여 인상과 승진의 지름길이다. 이는 당신이 진지하고 생산적이며 책임의식이 뛰어나다는 뜻이다. 이게 바로 돈이다!

추측보다 요청하기

성공한 사람들은 명확하지 않은 일에 무작정 뛰어들었다가 나중에 같은 일을 다시 처리하려 하지 않는다. 한 번에 확실하게 일을 처리할 수 있도록 필요한 때에 타인에게 도움을 요청한다.

마음이 열려 있는 사람이 되자

훌륭한 관리자란 훈련 교관처럼 완고한 사람이어야 한다는 확고한 믿음을 가졌던 때가 있었다. 그때는 직원들이 나를 조금이라도 두려워하도록 만들어야 했다. 내 길을 따르든지, 아니면 제 갈 길을 가든지 말이다.

다행히도 그러한 어리석은 신념에서 벗어날 수 있었던 것은 열린 마음 덕분이었다. 그 덕에 함께 일했던 최고의 관리자 가운데 상당수는 품위 있고, 자주 웃으며 생활한다는 사실을 깨닫기도 했다. 그들은 나의 말에 귀 기울이며, 나의 제안과 기여를 소중하게 받아들였다. 그 사람들은 내가 늘 함께 일하고 싶어 했던 유형의 관리자들이었다. 이에 나의 일상에서는 훈련 교관 역할이 필요치 않았다. 누가 그런 사람과 일하고 싶겠는가.

열린 태도를 함양하는 것은 당신의 신념과 인식, 경험이 삶의 전부가 아님을 인정한다는 뜻이기도 하다. 그만큼 현실은 매우 유동적이다. 누군가에게 통하는 것이 사람에 따라서 그렇지 않기도 한다. 마찬가지로 사무실에서 무척 열심히 일하는 사람에게 훌륭하게 작용하던 동기가 다른 이에게는 무용지물일 수 있다.

그 예로 나에게는 돈이 언제나 훌륭한 동기였다. 열심히 일할수록 급여 인상과 승진에 한층 유리한 지위로 올라갔고, 부자가 되겠다는 목표에도 한층 가까워졌다. 반면에 나와 함께 일하는 동료 가운데 더 많은 휴가 또는 금요일 조기 퇴근과 건강 관련 혜택 등을 선호하는 사람들도 있었다. 이처럼 동기란 사람마다 다르기 마련이다.

아무려면 좋다. 사실 모두가 똑같은 것을 원한다면 세상이 얼마나 지루해질까. 다르다는 것은 좋은 일이다. 이처럼 서로의 차이에 열려 있을수록 더 유능한 사람이 될 수 있다. 그렇게 점점 더 부유한 사람으로 거듭난다. 이와 관련하여 태도가 개방적인 사람의 특성은 다음과 같이 정리할 수 있다.

- 자신이 항상 옳을 필요는 없다.
- 다른 사람들이 어떻게 느끼는가에 공감한다.

- 자신의 의견에 반박하더라도 너그럽게 받아들인다.
- 다른 사람들의 생각과 피드백을 듣고 싶어 한다.
- 자신의 경험이 전부가 아니라는 것을 잘 안다.

직장 동료나 친구들과 모닥불 옆에 둘러앉아 서로 내밀하면서도 조금은 오싹한 이야기를 나누며 절대자의 은총을 기도하자는 말은 아니다. 이는 조금 과한 듯하다.

내가 하고 싶은 말은 열려 있는 태도의 소유자가 다른 사람들의 존경과 헌신을 받을 위치에 서게 된다는 점이다. 직장에서 훈련 교관을 존경할 사람은 없다. 그러나 직원을 배려하고, 그들의 말을 적극적으로 경청하는 관리자는 존경받는다. 직원들은 그 상사를 위해 무엇이든 할 것이다.

성공을 시각화하자

혹시 절실하게 바라는 것을 마음속으로 직접 말해 본 적이 있는가? "진심으로 저 차를 운전해 보고 싶어, 그 짜릿함을 피부로 느끼고 싶어!"처럼 말이다. 믿거나 말거나, 이러한 시각화도 부자의 습관에 속한다.

멋진 차를 운전하는 당신의 모습을 상상해 보자. 머리카락을 스치는 바람에서 웅웅거리는 엔진음과 우렁찬 배기음, 가속할 때 등받이로 몸을 밀어붙이는 듯한 엔진의 회전력까지 그 모든 것들이 상상될 것이다. 간절히 바란다면 그러한 자신의 모습을 얼마든지 그릴 수 있다. 이에 성공을 시각화하려면 두 가지가 필요하다.

성공의 정의

성공의 의미는 사람마다 다르다. 나에게 성공이란 회사를 그만두고 아내와 두 강아지와 함께 전국을 여행하는 것이었다. 이는 다른 사람들이 그리는 성공과는 전혀 다른 모습일 수도 있다.

당신은 성공을 어떻게 정의하는가? 달리 말해 "드디어 해냈어!"라고 소리치려면 무엇을 이루어야 하는가? 이는 대답하기 쉽지 않은 질문이다. 바로 대답하기 어렵더라도 상관없다. 당장 무언가를 정해야 하는 것도 아니니까 말이다. 다만 이 질문을 곱씹어보고 당신에게 성공이 어떤 의미인지 생각해 보기 바란다.

예를 들어 누군가에게 성공이란 해마다 역대의 매출을 달성하는 사업체를 설립하는 것일 수 있다. 아니면 회사를 그만두고 집에서 생활하며 아이들의 하교 시간을 함께하고픈 사람도 있을 것이다. 또 누군가에게는 은퇴 후 남태평양의 피지(Fiji) 섬으로 이주하여 해변에 카페를 차릴 만큼의 돈을 버는 것이 성공의 의미일 수도 있다.

성공에 관한 상상

당신이 성공을 그렇게 정의한 이유는 무엇인가? 그리고 성공하고 나면 어떤 기분이 들까? 살면서 무엇이 당신에게 동기를 주는지 살펴보자.

우리 부부에게는 자유가 동기의 근원이다. 돈 걱정 없이 어느 때라도 원하는 곳을 여행할 수 있는 자유 말이다. 나는 삶의 사소한 부분까지 온전히 내가 설계한다는 느낌이 동기로 작용하여 빠른 속도로 재산을 모았다. 그 다음에는 회사를 그만두고, 여행과 모험이라는 새로운 삶을 추구하기 시작했다.

'사업을 시작하고 싶다면, 그 이유는 무엇인가?', '왜 피지로 이주하려는가?', '부자가 되고픈 이유는 무엇인가?'라는 질문은 역시 대답하기 곤란할 수도 있겠다. 그러나 질문에 어떻게 대답하느냐에 따라 당신이 생각하는 성공의 정의와 그 이면의 근본적인 이유를 연결하는 데 유익할 것이다. 이유를 알면 성공을 향한 동기와 집중력을 유지할 수 있다. 그러니 눈을 감고 당신이 되고 싶은 모습을 정확하게 시각화해 보자.

당신은 지금 어디에 있는가? 해변? 아니면 복잡한 도시에 있는가? 어쩌면 사람들과 멀리 떨어진 시골에서 살아가거나, 배낭을 메고 아주 먼 오지를 여행할 수도 있겠다. 그렇다면 마음속으로 질문을 던져 보자. 왜 행복한가?

열심히 일하자

지갑에 돈이 들어오게 하려면 열심히 일하는 게 무엇보다 중요하다. 일은 적게 하면서 돈은 많이 버는 전략에 대해 이러쿵저러쿵하는 사람들이 있지만, 근면함은 오랜 시간이 지나도 결코 변하지 않는 부자의 전략이다. 근면함은 여전히 유효하다. 앞으로도 그럴 것이고 말이다.

결국 근면함이 곧 돈 버는 방법이다. 열심히 일하면 원하는 지위로의 승진과 합당한 수준의 급여 인상을 누릴 자격을 얻는다. 게다가 열심히 일하면 돈을 버는 것 이외의 혜택도 있다. 열심히 일하는 사람의 특징은 다음과 같다.

목표를 달성한다

근면함은 목표를 달성하기 위한 선행조건이다. 승진이든 창업이든 새로운 역량 습득이든 근면함은 당신이 바라는 결과를 향해 전진하도록 도와줄 것이다.

자기 관리 능력을 키운다

열심히 일하는 사람은 삶의 모든 영역에서 성공의 필수적 특징인 자기 관리 능력을 키울 수 있다. 자기 관리에 능숙하면 목표를 향해 더욱 집중하며, 그에 의욕적으로 매진할 수 있다.

역량을 개발한다

열심히 일하는 사람은 반복적인 연습과 역량 개발을 통해 어떤 분야에서든 숙련도와 전문성을 향상할 수 있다. 이를 통해 회사나 고객들에게 더 소중한 존재로 인정받고, 급여를 높일 가능성도 급격히 커진다.

자신감이 높아진다

열심히 일하여 어려운 과제를 해결하면 다음 과제에서도 자신감과 자존감이 크게 향상된다. 따라서 새로운 도전에도 더 느긋하고 낙관적으로 대처할 수 있다. 열심히 일하면 이처럼 자신감이 눈덩이처럼 불어난다.

존경받는다

열심히 일하는 사람은 타인의 인정과 존경을 받는 경우가 많다. 그리고 결과를 창출하기 위한 헌신과 인내에 여러 사람이 존중과 감사의 뜻을 표하기도 한다. 겉으로 드러내지 않더라도 다른 이들은 모두 열심히 일하는 사람의 노력을 알고 있다.

성취감을 느낀다

열심히 일한 사람은 목표를 달성하기 위해 노력한 사실을 스스로 잘 알고 있다. 따라서 이에 만족감과 성취감을 느낀다. 이러한 느낌은 당신의 전반적인 행복과 안녕에도 좋은 영향을 미친다. 그러니 느껴 보자. 열심히 노력하여 과제를 완수했을 때의 그 상쾌함을!

고품격 인맥을 구축하자

"인맥이 재산이다(Your network is your net worth)."라는 말이 있다. 이는 개인적, 직업적으로 맺은 인맥을 포함한 타인과의 인간관계가 당신의 성공과 경제적 안녕 전반에 미치는 영향력을 드러내는 말이다.

즉 당신이 아는 사람들, 그리고 그들과 맺은 인간관계가 통장 잔고만큼이나 소중하다는 뜻이다. 든든한 인맥을 형성하고 유지함으로써 당신의 목표를 달성하고, 성공 가능성을 높이는 새로운 기회와 사업 파트너십 및 또 다른 소중한 인맥에 다가갈 수 있다.

하버드대 사회심리학자 데이비드 맥클러랜드(David McClelland) 박사도 그에 동의한다. 그는 익숙한 관계에 속해 있는 사람들이 우리 인생에서 성공과 실패의 95%를 결정한다고 말한다. 이 말이 사실임은 부자도 잘 알고 있다.

체육관에 열심히 다니며 건강에 신경 쓰는 사람들을 가까이하면 당신도 그 사람들처럼 될 가능성이 높다. 반대로 담배와 술에 찌들어 사는 사람들과 어울리면 당신 역시 그 길로 빠져들기 쉽다. 함께 어울리는 사람들의 수준을 높여야 한다는 주제를 언급할 때 제일 많이 듣는 질문이 있다. 바로 "그런 사람들을 어디서 찾아야 하나요?"이다. 좋은 질문이다.

믿거나 말거나, 잘 모를 수도 있겠지만 그러한 사람의 상당수가 이미 우리의 생활 속에 들어와 있다. 우리는 가까운 사람만 신경 쓰느라 다른 사람을 지나치기 쉽다. 인맥을 형성할 기회가 바로 눈앞에 있었는데도 깨닫지 못했다는 사실에 무척 놀랄지도 모른다. 나 역시 마찬가지였다. 이와 관련하여 고품격 인맥을 구축하는 데 도움이 될 만한 몇 가지 아이디어를 소개한다.

인맥을 만들 수 있는 행사에 참석하자

업계 관련 행사, 세미나, 콘퍼런스 등에 참석하자. 이들 행사는 당신이 몸담은 분야에서 새로운 사람들을 만나고, 전문가와 업계 리더에게 배우면서 업계의 최신 동향과 소식을 접할 훌륭한 기회이다.

전문 협회에 가입하자

업계의 전문 협회에 가입하여 마음이 맞는 사람을 만나고, 지식과 역량을 확장하며, 관심사를 공유하는 사람들과 인간관계를 형성할 수 있다.

소셜 미디어를 활용하자

링크드인, 트위터, 인스타그램 등의 소셜 미디어 플랫폼은 업계 사람과 소통할 수 있는 좋은 수단이다. 나는 트위터로 많은 시간을 보내는데, 이 플랫폼으로 정말 놀랄 만한 사람들을 만났다. 억만장자이며 댈러스 매버릭스의 구단주인 마크 큐반(Mark Cuban), 프로 스포츠 선수, 성공한 사업가 외에 현실에서 만나기 어려운 여러 사람과 연락을 주고받았다.

자원봉사 또는 동호회 가입하기

자선단체에서 봉사하거나, 관심사에 맞는 동호회에 가입하자. 이는 새로운 사람들을 만나 인간관계를 형성하고 지역사회에 기여할 좋은 기회이다. 자원봉사에 대해서는 이 장 뒤쪽에서 더 자세하게 설명하겠다.

인간관계를 형성하자

돈독한 관계를 형성하려면 시간과 노력이 필요하다. 당신의 인맥에 포함된 사람들과의 연락을 지속하고, 짧은 메시지나 이메일로 안부를 묻고, 가능할 때는 그들을 돕겠다고 제의하자. 나 역시 한 달에 한 번씩 지인들에게 연락하여 일이 잘되는지 묻고, 그들을 도울 방법도 살펴본다.

안전지대를 버리자

안전지대는 당신의 꿈이 죽어 가는 곳이다. 다소 강경한 발언이라 생각될지 모르겠다. 그렇다면 안전지대는 무엇이고 그것이 목표 달성에 도움이 되지 않는 이유를 냉정하게 생각해 보자.

목표 달성은 언제나 힘든 일이고, 마음도 편치 않다. 성공한다는 것은 다수의 청중 앞에서 프레젠테이션을 하거나, 대형 프로젝트를 완수하기 위해 한 달에 50시간 이상의 초과근무를 하는 등 불편한 과정을 이겨내야 한다는 뜻이다.

위와 같이 성공이 항상 마음 편한 것은 아니지만, 그렇더라도 상관없다. 불편함은 오히려 유익하다. 어려움을 극복하면서 점점 더 강인한 사람으로 거듭날 수 있기 때문이다. 안전지대에 머무르면서 놀라운 결과를 성취하는 경우는 드물다. 이에 당신의 안전지대를 버리는 데 유익한 몇 가지 방법을 소개한다.

새로운 것을 시도하자

취미든 기술이든 새로운 무언가를 시도하는 것은 스스로에 대한 도전이자 안전지대에서 벗어날 수 있는 좋은 방법이기도 하다. 관심은 있었지만 시도한 적은 없었던 활동을 선택하여 도전해 보자. 예컨대 화단을 만드는 건 어떨까? 좋다면 이번 주말에 시도하자. 화분을 준비하고, 직접 흙을 만져 보자.

새로운 곳으로 여행을 떠나자

새로운 장소를 찾아다니다 보면 시야가 넓어지고 새로운 경험도 하기 마련이다. 자기 고장에도 볼거리가 많다는 이유로 다른 지역을 여행한 적이 한 번도 없다는 사람을 보면 그저 놀랍다. 다른 나라, 하다못해 인근 마을이라도 지금껏 가 본 적 없는 곳으로의 여행을 고려해 보자. 특히 외국 여행은 그 나라 사람들의 삶을 배울 훌륭한 기회이다.

새로운 도전을 하자

한 번도 시도하지 않은 새로운 프로젝트나 과업에 도전하자. 새로운 레시피를 배우는 것처럼 간단해도 좋고, 마라톤을 시작하는 것처럼 어려운 일이라도 좋다. 그리고 목표와 완수 시간을 정하자. 도전은 즐겁다. 달성 가능한 것이라면 더더욱 그렇다.

새로운 사람을 만나자

새로운 사람을 만나 교류하는 것도 안전지대에서 벗어나는 좋은 방법이다. 사회 모임에 참석하거나, 새로운 단체 또는 동호회 등에 가입하여 새로운 사람들을 만나고 사회적 관계를 넓히자. 나는 몇 년 전에 우리 지역의 동굴 탐사회에 가입하여 무척 보람찬 경험을 했다. 요즘도 그 동호회에서 만난 사람들과 가까이 지내고 있다.

새로운 기회가 생기면 받아들이자

이미 상세하게 설명한 것이지만, 이 내용은 재차 강조해도 될 만큼 중요하다. 새로운 기회가 다가올 때는 두렵더라도 받아들이자. 직업적인 기회나 새로운 모험 또는 새로운 것으로의 초대일 수도 있다.

두려움에 맞서자

당신이 두려워하는 것을 알고, 그것을 극복해야 한다. 대중연설, 고소공포증, 곤충공포증 등 두려움에 맞서는 일도 안전지대에서 벗어나는 중요한 단계가 된다. 두려움을 이겨 내고 나면 세상에는 두려워할 게 없음을 깨닫기도 한다.

일상을 바꾸자

새로운 것을 시도하거나 평소와 다른 행동 방식으로 일상을 바꾸자. 여기에는 출근길이나 운동 습관을 바꿔 본다거나 색다른 아침 식사를 시도하는 것 등이 포함된다. 나아가 이직이나 다른 도시로의 이사 또한 이 범주에 포함될 수 있다. 일상을 바꾸는 것을 즐기는 나는 3~4년마다 직장을 옮겼다. 그 덕에 나의 역량과 함께 급여도 상승했다.

자원봉사를 하자

평소에 염두에 두던 대의를 위해 봉사하는 일도 여러 부자가 즐겨 하는 일이다. 실제로 부자의 약 3/4, 72%는 한 달에 최소 5시간 이상 지역 내 비영리단체에서 봉사하는 것으로 나타났다.[22] 자원봉사는 지역사회에 도움을 주고, 더 많은 사람을 만나면서 친구와 동료로서의 인맥을 확장할 매우 효과적인 기회이다. 자원봉사를 하고 싶지만 어떻게 시작해야 할지 모른다면, 다음 제안을 참고하기 바란다.

동물 보호소 봉사

동물 보호소에서 강아지 산책시키기, 케이지 청소하기, 먹이 준비하기, 행정 업무 보조 등 여러 가지 도움을 줄 수 있다.

학생 교육 또는 상담

학교나 지역 센터에서 학습과 관련하여 도움이 필요한 학생을 가르치거나 상담할 수 있다.

지역사회 환경미화

지역 내 환경미화 활동에 참여하여 거리와 공원, 공공장소 등의 쓰레기와 온갖 지저분한 것들을 청소하자.

---

22 Corley, T. "10 Common Millionaire Habits." Acorns(2022). https://www.acorns.com/learn/earning/commom-millionaire-habits/.

지역 병원 또는 요양 시설 자원봉사

병원이나 요양 시설에서 책 읽어 주기나, 창의 활동 등 환자들과 함께 시간을 보내자.

무료급식소 또는 푸드뱅크 배식 봉사

무료급식소나 푸드뱅크[23]에서 배식을 돕거나 기부받은 식재료를 분류하고 포장하는 일에 자원하자.

시간을 기부하고 사회에 환원할 방법은 아주 다양하다. 시간이 부족한 사람은 돈으로 기부하는 방법도 있으며, 기부를 받는 자선단체도 적십자사, 구세군, 어린이병원, 해비타트(Habitat for Humanity), 국경없는의사회(Doctors without Borders), 메이크어위시 재단(Make-a-Wish Foundation)[24] 등 다양하다.

---

23 기업이나 개인에게서 식품 및 생활용품을 기부받아 저소득 소외계층에게 지원하는 제도.
24 소아암, 백혈병 등 난치병 아동의 소원을 들어주는 소원 성취 전문 기관.

> **실행전략** 운을 바꾸는 방법

일단 밖으로 나가자. 당신의 운을 바꾸는 방법은 단 하나뿐이다. 바로 소파에서 벗어나 행동으로 옮기는 것이다. 이 장에서 소개한 사례를 활용하여 행운을 부르는 생활 방식을 선택하기 바란다.

개인적으로 가장 선호하는 기법은 인간관계 형성이다. 물론 뼛속부터 내성적인 나에게는 결코 쉬운 일이 아니었다. 하지만 많은 사람을 만날수록 나를 찾는 기회도 더 많아진다는 것을 깨달았다. 그렇게 새로운 사람을 만나고 인맥을 확장하다 보면 더 많은 기회를 얻을 수 있는 위치에 서게 된다. 행동하는 것만으로도 행운이 찾아올 수 있다니, 참으로 놀라운 일이지 않은가.

제9장

선 넘는 지출 절제하기

당신의 생각과 달리 부자는 돈을 흥청망청 쓰지 않는다. 부자가 달리 부자인 이유는 다음의 세 가지 원칙을 바탕으로 재산을 관리하기 때문이다.

- 수입 극대화
- 일관된 투자
- 지출 관리

첫 번째와 두 번째 항목은 이전에 이미 자세하게 설명한 바 있다. 이 장에서는 언급하기에 썩 유쾌한 내용은 아니지만, 매우 중요한 세 번째 항목을 다룬다. 지금부터 삶을 희생시키지 않으면서 지출을 관리하는 방법에 대해 살펴보도록 하자.

일례로 자산관리의 대가는 아침에 마시는 커피 한 잔이 재산을 축낸다고 말하지만, 나는 이에 전혀 동의하지 않는다. 아침의 커피 한 잔이 당신의 활력을 북돋운다면 '전문가'의 말 따위는 무시하고 그냥 한 잔 사서 마시면 된다. 그 정도쯤은 괜찮다.

부자는 푼돈까지 아낄 작정으로 자신에게 가장 의미 있는 것을 무자비하게 잘라 내는 식으로 지출을 통제하지는 않는다. 오히려 나는 중요한 일에 넉넉하게 지출하고, 그 외의 지출은 줄이는 방식을 선호한다. 결국 사람이란 자신에게 약간의 과시를 용납해야 지출 습관도 더 효율적으로 통제할 수 있는 법이다.

우리가 좋아하는 것을 억제하자는 게 아니다. 이 장에서는 원치 않는 지출을 줄이는 방법을 설명하고자 한다. 먼저 99%의 사람들이 잘못 알고 있는 것부터 얘기하도록 하겠다.

수입과 재산은 비례하지 않는다

연간 수입이 250,000달러인 사람을 상상해 보자. 참 멋진 사람이다. 그 사람은 부자가 맞다. 원하는 곳이면 어디에나 지출할 여력이 충분하니까 말이다. 시즌 티켓이나 호숫가의 별장은 말할 것도 없고, 해마다 휴대전화를 최신 스마트폰으로 갈아치울 수 있다.

위와 같이 고소득 과소비의 함정에 빠지는 희생양은 비단 스포츠 스타뿐만이 아니다. 당신의 이웃 또는 그 이웃 중에도 능력이 있다는 생각에 과도

한 소비에 빠진 사람이 있을 것이다. 나도 그러한 사람과 일한 적이 많다. 고액의 급여를 받으면서 대부분을 자동차와 별장, 최신 장비 구입에 써 대는 사람들이었다. 그러나 결과적으로 그들은 일자리를 잃지 않을까 하는 걱정에 전전긍긍했다. 생활 방식에서 비롯되는 모든 지출을 감당하려면 열심히 일하는 것은 물론이고, 스트레스가 많은 고소득 직종에서의 업무를 견뎌야 했기 때문이다.

계산해 보자. 연간 수입은 250,000달러인데, 지출이 200,000달러라면, 저축과 투자는 겨우 50,000달러만 가능하다. 그 정도라도 없는 것보다는 낫지만, 연간 수입과 비교하면 극히 일부에 지나지 않은 수치이다. 게다가 재정적 우려 상황에 대비하여 투입하는 금액치고는 너무 적다. 따라서 단 한 번의 실직이나 예상치 못한 응급 상황으로 모든 것을 잃거나 큰 빚을 질 수도 있다. 여기서 부자들이 신뢰하는 말 두 마디를 소개한다.

"많은 임금을 받는다고 곧 부자가 되는 것은 아니다."
"돈이 충분한 것과 그 돈을 감당하는 것은 별개의 문제다."

많은 임금을 받고, 그 돈을 현명하게 관리한다면 부자가 될 가능성도 커진다. 그러나 수입이 많다고 해서 저절로 재산이 만들어지지는 않는다. 어디에 돈을 쓸 것인지 신중하고 세밀하게 판단해야 한다. 높은 임금은 물론 좋지만, 이는 시작에 불과하다.

지출 체계부터 바로잡아라

아직도 이 책을 읽고 있다면 참 다행이다. 이제 본격적인 이야기를 막 시작할 참이었으니까 말이다. 일반적으로 지출을 관리하기란 쉽지 않은 일이다.

1단계: 지출 내역을 찾아내자

정말 중요한 단계이다. 돈이 어디에 쓰이는지 명확하게 파악하지 못한다면 지출 습관을 관리하는 것도 불가능해진다. 많은 이들이 그와 비슷한 처지에 있다. 재정적 자립을 우선시하기 전까지는 나도 마찬가지였다. 솔직히 말하면 이 단계는 상당히 번거롭지만, 돈 쓰는 방법을 개선하는 핵심적인 절차이기도 하다.

이 단계는 자전거 타는 법을 배우는 것과 비슷하다. 수시로 넘어지며 무릎을 긁힌 다음에야 비로소 안정적으로 자전거를 탈 수 있다. 따라서 이 단계는 누구도 원치 않지만, 반드시 거쳐야 하는 절차이다. 이제 이 단계에서 당신이 해야 할 일을 살펴보자.

먼저 지난 3개월 이상 은행과 신용카드 명세서를 살펴본다. 상당히 번거로운 일이지만, 꼭 필요한 과정이다. 이 일은 단 한 번만 해도 된다.

그다음 각 지출을 항목별로 분류한다. 이렇게 하면 지출이 과하거나, 너무 적거나, 아니면 있는지조차 잘 몰랐던 영역까지 정확히 찾아낼 수 있다. 따라서 이 작업은 월별 지출액을 오늘 정확히 합산하여 살펴보는 데 의의가 있다.

일반적인 지출 범주에는 다음과 같은 것들이 있다.

- 임대료 또는 대출금
- 교통비(버스 요금, 주유비)
- 식료품비(식료품, 커피)
- 공과금(전기, 가스)
- 외식비
- 저축
- 보험료(자동차, 건강)
- 미용(헤어스타일, 마사지)
- 문화생활비(영화, 스포츠, 콘서트)
- 부채 상환

위의 항목을 관련 범주별로 기록한다. 그리고 이것을 한 달 동안 기록하고, 범주별로 합산하여 총 지출액을 산정한다. 그다음 두 번째 달로, 또 세 번째 달에도 이를 계속한다.

계산에 능숙하지 않더라도 걱정할 필요는 없다. 스프레드시트를 사용하면 된다. 각 범주를 맨 위에 배치하고, 아래의 각 열에는 신용카드 및 은행 계좌의 청구 내역을 기록한다. 다음은 이에 대한 가상의 사례를 표로 정리한 것이다.

임대료	식료품비	외식비	교통비	문화생활비
850				
	54.23			
		78.97		
			35.22	
	84.66			
				15.23
				94.32
	133.40			
850	272.29	78.97	35.22	109.55

　위에 제시된 표는 매우 단순한 사례이며, 각 지출을 추적하고 분류하는 방법을 보여 준다. 물론 실제 사례라면 표는 더 길어질 수 있다. 표 하단에서는 모든 지출액이 합산되는데, 표를 활용하면 달마다 각 범주에 따른 총 지출액을 빠르고 정확하게 파악할 수 있다. 이 과정을 매달 반복하여 범주별 지출 총액을 계산하면 된다.

　지출 범주의 종류는 이보다 더 세분화할 수 있다. 예컨대 가족 전체의 의류비를 통째로 합산하는 것보다 구성원별로 세분화하여 계산할 수도 있다. 이는 가능하면 상세하게 기록하기를 권한다. 이를테면 다음과 같은 방식으로 표기할 수 있다.

| 의류비: 엄마 | 의류비: 아빠 | 의류비: 레베카 | 의류비: 네이선 |

위와 같은 정보로 무장한다면 수입의 몇 %가 어디에 지출되는지 판단할 수 있다.

널리 알려진 '50/30/20 법칙'에 따르면, 먼저 수입의 50%는 임대료와 대출금, 자동차, 보험, 식료품, 최소 부채 상환 등 생존에 필요한 기초 생계비, 즉 필수적인 비용에 지출한다. 주의할 점은 이 범주에 외식비가 포함되지 않는다는 것이다. 음식이 필요할 때에 살아남기 위해서 굳이 패스트푸드점까지 찾아야 할까? 하지만 과거의 나라면, 어쩌면 이 질문에 그렇다고 답했을지도 모르겠다.

그다음 30%는 원하는 곳에 지출할 수 있다. 이 항목에는 새 시계나 휴대전화, 스포츠 관람권, 휴가, 아침 커피 등이 있다. 절대적으로 필요하지는 않지만, 원하는 것이라면 모두 여기에 포함된다. 다른 말로 즐거운 지출인 셈이다.

마지막 20%는 저축과 투자를 위한 지출이다. 비상금, 고용주가 지원하는 401(k)와 IRA를 포함하여 저축 및 자산 투자와 관련된 것이 모두 이 범주에 포함된다. 마찬가지로 최소 납부금을 초과하는 부채 상환도 이 범주에 해당한다. 다만 최소 납부금은 필수 지출에 속한다.

지금까지의 설명이 2단계에서도 이어지겠지만, 이상의 정보는 대단히 유용하다.

2단계: 없애거나 줄일 항목을 정하자

이제 매달 나가는 돈이 어디에 쓰이는지 알게 되었으니, 지금부터 진지한 결정을 해야 할 때다. 하지만 일부 항목에 어마어마한 돈이 지출된 사실에 큰 충격을 받지는 말자. 나 역시 이 단계를 거치며 외식비로 엄청난 돈을 쓰고 있었음을 발견했다. 그것도 예상을 훨씬 웃도는 액수였기 때문에 나의 경우 외식비가 첫 번째 삭감 대상이었다.

당신이 할 일은 월별 지출을 솔직하게 살펴보고, 지출을 줄일 수 있는 영역을 찾아내는 것이다. 가능하면 가족이 함께 판단하자. 아니면 적어도 배우자에게라도 확인받으면서 가족 모두가 같은 생각인지를 판단하는 것이 좋다.

이 단계는 무언가를 판단하기 위한 것은 아니다. 외식비로 한 달에 1,000달러나 지출한 일에 자신이나 남 탓을 할 필요도 없다. 그 대신 지출을 얼마나 줄일 수 있을지를 결정해야 한다. 그렇다고 외식을 아예 하지 말라는 얘기는 아니다. 일주일에 몇 번만 더 집에서 저녁을 먹으면 된다. 완전히 없애는 게 아니라 줄이는 것이 우리의 목표다. 다음 몇 가지 사례를 통해 이 과정을 살펴보자.

사례 1

지난달에 딸의 옷을 사느라 500달러를 지출했는데, 조금 과한 듯하다. 하지만 지난 두 달 동안은 딸의 옷값으로 한 푼도 지출하지 않았다. 이는 월별 지출을 정확히 반영하지 못하는 일회성 지출에 해당한다. 이때 딸의 월별 의류비를 추적하는 가장 좋은 방법은 1년 전체 의류비를 합산한 뒤, 12개월로 나누어 평균을 구하는 것이다.

예컨대 딸의 의류비로 연간 600달러를 지출했다면, 월평균 지출은 50달러이다. 이와 같이 계산하면 월별 의류비 50달러가 과한 지출인지, 적절한 지출인지를 쉽게 판단할 수 있다.

사례 2

자동차 주유비로 한 달에 400달러 이상을 지출하는데, 미국인 월평균 주유비는 200달러 수준이다. 가족들이 자동차를 사용하는 경우를 되짚어 보면, 저녁에 쓸 음식 재료 한두 가지를 사겠다고 가까운 가게까지 차를 몰고 간다는 것을 곧 깨닫는다. 주유비를 줄이려면 사야 할 품목을 잊고 있다가 필요할 때 다시 식료품점으로 가기보다는 필요한 품목을 모두 담은 목록을 상세하게 작성하여 한꺼번에 장을 보는 편이 현명하다.

사례 3

겨울에는 난방비가 많이 든다. 겨울철에는 당연한 일이겠지만, 지나친 지출은 곤란하다. 난방비를 줄이려면 창문을 항상 잘 닫고, 틈새를 최대한 밀폐한다. 미국 일반 가정의 경우 야간 실내온도를 약 17°C까지 낮추고, 겨울에 휴가를 떠날 때는 약 5°C까지 낮춰야 한다. 또한 환기 체계를 개선하여 공기를 효율적으로 순환시키는 것도 좋은 방법이다. 난방비는 선행 투자가 필요하지만, 겨울철과 여름철의 월별 지출을 모두 절감할 수 있다.

다시 말하지만, 지금은 누군가를 책망하거나 탓할 단계가 아니다. 생활 속에서 과소비가 이루어지는 영역을 밝혀내는 것이 이 연습의 목적이다. 관심을 기울이면 과도한 지출의 범주를 얼마든지 찾아낼 수 있다. 지출 감소를 시작할 수 있는 출발점이 바로 과소비의 영역을 발견하는 것이다.

3단계: 지출 계획을 세우자

지출 계획을 세우면 달마다 범주별 지출 금액을 시각화할 수 있다. 월별 지출 계획에 제4장에서 논의한 '나를 위한 지출' 철학을 접목하면 매달 되는 대로 모으는 것보다 훨씬 많은 재산을 형성할 수 있다.

'나를 위한 지출'은 저축과 투자에 충분히 지출한 뒤 청구서부터 해결한다는 전제에서 가능한 이야기이다. 이들 범주부터 먼저 해결하고, 남은 돈은 우리의 의지에 따라 걱정 없이 지출할 수 있다.

지출 계획에는 세 가지의 주요 지출 유형이 포함된다. 아울러 각 유형이 '50/30/20 법칙'과 어떻게 부합하는지도 살펴보도록 하겠다. 앞에서 소개한 지출 범주는 다음 세 가지 월별 주요 지출 유형에 속한다.

필수 지출(50%)

임대료나 대출금, 최소 부채 상환액, 주택 공과금, 식료품 등 생활에 필수적인 지출이다. 가족을 부양하는 최우선 지출로 분류되며, 납부하지 않을 때는 연체료 같은 불이익이 따른다. 이 지출을 줄이려면 가족에게 가장 중요한 것부터 판단한 뒤에 나머지를 삭감할 수 있다.

저축과 투자(20%)

제6장에서도 설명했듯이, 부자가 되는 방법은 곧 투자이다. 전형적인 투자로는 퇴직연금과 증권계좌, 주식, 채권, ETF, 리츠, 암호화폐 등이 있다. 그리고 저축 목표로는 휴가나 여행, 자녀의 대학 학자금, 주택 계약금, 새 자

동차 구입비 등이 있다. 여기에는 3~6개월분의 비상금 저축도 포함된다. 뜻밖의 지출이 발생했을 때 신용카드 빚에 허덕이지 않으려면 비상금은 꼭 필요하다.

자유 지출(30%)

케이블 TV, 스타벅스, 스포츠 시즌권, 매주 아이들과 아이스크림 가게 방문, 식당, 네일 관리 등 나머지 모든 것이 포함된다. 한마디로 즐거운 유형의 지출이다!

여기에서 내가 적극 권장하는 '나를 위한 지출' 전략을 적용하면 당신에게 필요한 지출과 저축 및 투자 목표부터 우선적으로 처리하게 된다. 그리고 2단계에서 지출을 줄일 영역을 결정했을 것이다. 또한 다음 단계에서 더 자세하게 설명하겠지만, 뜻밖의 과다지출을 예방하려면 지출 현황을 지속적으로 추적하는 것이 중요하다. 일단은 각종 청구서와 저축 및 투자 목표에 지출이 모두 완료되었다고 가정해 보자.

위에서 언급한 지출이 모두 완료되면, 이제 즐거운 자유(no-Judgment) 지출을 할 영역을 정하는 것만 남는다. 1단계에서 배운 대로 자유 지출은 급여의 30%까지 가능하다.

4단계: 지출을 추적하자

이제 당신의 지출에 관한 기본적인 이해는 되었으리라 생각한다. 우리의 지출액이 얼마인지, 그보다 어디에 돈을 쓰고 있었는지 이해했다는 점이 중요하다. 이것만으로 나머지 90%의 사람들보다 앞서 나아갈 수 있다. 축하

받을 만한 일이다.

하지만 아직 끝나지 않았다. 이 단계는 어쩌면 가장 어려운 부분일 것이다. 지금 다루는 내용은 앞에서 설명한 '한 번 설정해 두고 잊어버려도 되는' 투자 전략이 아니다. 지금 다루는 내용은 능동적인 접근이 수동적인 것을 넘어서는 영역에 속한다.

지출 계획을 준수하려면 월별 지출을 지속적으로 추적하여 예산을 초과하지 않도록 해야 한다. 달마다 모든 지출액을 범주별로 합산하여 초과 지출이 있으면 줄여야 한다. 반대로 특정 범주에 더 많은 지출이 필요하다면 지출 한도를 늘리도록 계획해도 무방하다. 다만 지출 증액이 정말로 필요해서인지, 아니면 그저 개인적인 바람일 뿐인지 솔직하게 판단해야 한다.

번거롭지 않을까 염려할 필요는 없다. 지출 내역을 추적하도록 돕는 프로그램이 많으므로 일일이 명세서를 확인하고 그 액수를 일일이 합산할 필요가 없다. 이와 관련된 앱이 모두 무료는 아니지만, 내 경험상 월별 앱 이용료보다 지출의 시각화로 얻은 편익이 훨씬 컸다. 다음은 당신의 지출 추적을 돕는 앱의 정보이다.

민트(Mint)

민트는 무료로 배포되었으며, 가장 인기 있는 예산 관리 앱에 속한다. 이 앱은 월별 지출을 추적하고 현금흐름[25]을 시각화하는 데 유용하다. 민트는 유명 금융 서비스 회사인 인튜이트(Intuit)에서 제공한다.

---

25 현금 및 현금성 자산의 변동, 즉 유입과 유출을 뜻한다.

와이냅(YNAB, You Need A Budget)

깔끔하고 이용하기 쉬운 와이냅은 월별 지출 추적에 최적의 대안이 되어 준다. 이 앱을 당신의 은행 및 신용카드 회사 등 금융기관에 연결하면 나머지는 앱이 모두 알아서 처리한다. 이 앱은 여행이나 새 침대 구입 등의 저축 목표를 추적하는 데에도 효과적이다. 하지만 무료는 아니라는 점에 유의하자.

그 외에 지출 추적의 또 다른 장점은 신용카드나 은행 명세서에 기록된 사기성 또는 잘못된 청구 내역을 짚어낼 수 있다는 점이다. 대다수 신용카드 사에서는 청구서에 대한 이의제기 기간이 60일 정도이므로, 너무 늦기 전에 지출 추적으로 청구서의 사기나 오류를 정정할 수 있다.

5단계: 재정 목표를 설정하자

마지막 단계는 당신의 재정 목표를 수립하여 돈을 저축해야 하는 이유를 만드는 것이다. 사실 이 단계는 아무 때나 시행할 수 있다. 본론으로 돌아와서 '은퇴를 대비하여' 저축한다는 것은 일반적으로 그리 좋은 목표는 아니다. 좋은 목표는 구체적이고 달성 가능해야 한다.

예컨대 비상금이 없다면 비상금이 첫 번째 재정 목표가 되어야 한다. 따라서 궂은날을 대비하여 비상금을 우선적으로 확보하는 것이 좋다. 비상금을 만들 때는 자동화 시스템을 통해 별도의 저축예금으로 분리하도록 하자.

부채, 특히 고금리 신용카드 부채가 있다면 대출금을 제외한 다른 채무를 모두 청산하는 것이 목표가 될 수 있다. 이 목표를 달성하는 방법에 대해서는 제10장에서 자세히 설명하고자 한다.

아니면 부채도 없고 3개월분 이상의 비상금도 확보해서 건강한 재정 상태를 이루었다고 생각해 보자. 그렇다면 다른 재정 목표에는 어떤 것이 있을까? 이에 관한 목표를 몇 가지 소개하도록 하겠다.

- 45세까지 순자산 500,000달러 만들기
- 새 주택의 계약금
- 자녀의 대학 학자금
- 바하마(Bahamas)로의 가족 여행
- 50세까지 9시부터 5시까지 일하던 직장을 그만두고 원예사업 시작하기

저축해야 하는 이유를 자신에게 제시할수록 당신의 새로운 지출 계획을 꾸준히 실천할 가능성도 커진다. 위에서 소개한 재정 목표가 모두 그 이유가 되어 줄 수 있다.

저렴함과 알뜰함의 차이

이 장에서는 돈을 아끼는 법을 중심으로 다루었다. 그렇다고 언제나 가장 싼 것만 사서 생활하라는 뜻은 아니다. 싼 물건만 찾다가 장기적으로 비용이 더 많이 드는 경우도 많다. 이것이 바로 저렴함과 알뜰함의 차이다. 알뜰해지고 싶다고 해서 꼭 저렴해야 하는 건 아니다. 그 차이를 다음 사례에서 살펴보자.

새 신발을 한 켤레 사고 싶다. 하루 종일 신어야 할 때도 있으므로 되도록 튼튼한 신발이어야 한다. 지금 신고 있는 신발도 좋은데, 몇 년 전에 150달러에 사서 지금까지 신었다. 그런데 이번에는 비싼 신발 대신 저렴한 85달러짜리 신발을 골랐다.

살 때는 기분이 좋았다. 기존에 신었던 것보다 저렴한 신발을 샀기에 무려 65달러나 '절약했기' 때문이다. 하지만 단점도 있었다. 겨우 1년 만에 신발 밑창이 떨어지기 시작한 것이다. 결국 눈물을 머금고 150달러짜리 신발을 다시 사면서 교훈을 얻었다. 금방 해지는 저렴한 신발을 사는 것이 도리어 더 비싼 선택이라는 사실을 말이다. 그렇게 더 많은 돈을 썼다.

또 다른 사례를 살펴보자. 친구들과 휴가를 계획하고 있는데 위치나 편의시설, 청결도 등을 고려하지 않고 무조건 저렴한 숙소를 예약하려 한다. 식사와 교통비, 체험 비용 등도 동전 하나까지 똑같이 나눠서 지출하자고 고집한다. 그렇게 당신이나 친구들의 불편함은 생각지 않고 무조건 지출을 피할 방법만 생각한다. 휴가의 안락함과 즐거움을 희생하면서까지 모든 면에서 가장 저렴하고 기본적인 선택지를 우선시하는 것을 바로 저렴함이라고 한다.

반면 알뜰한 사람은 위치와 안전, 편의시설, 고객 후기 등의 요소들을 고려하여 다양한 숙소를 조사하고 비교한다. 비용 대비 최고의 가치를 얻기 위해 가격 절충 및 할인, 사은 혜택 등 여러 요소를 살핀다. 이뿐 아니라 친구들과 상의하여 예산을 짜고 비용도 공평하게 나누기로 약속한다. 식사도 전략적으로 계획하여 가격이 싸고 맛있는 현지 식당을 고르거나, 직접 음식을 만들어 먹기도 한다. 비용만큼의 가치가 있는 활동을 선호하는 당신은 체험 활동이나 명소 방문에도 무료나 입장료가 저렴한 곳에 중점을 둔다.

저렴함이란 편안함, 품질, 만족 등을 포기한 저질 제품이나 서비스라도 비용만 최소로 지불할 수 있으면 그만임을 뜻한다. 이와는 달리 알뜰한 사람은 질 좋은 제품을 사는 것이 장기적으로 돈을 아끼면서 만족도도 훨씬 높다는 사실을 이해하고 있다. 애당초 무언가를 사려는 이유가 그것 때문이지 않은가? 저렴하다고 해서 당신이 원하는 조건을 포기할 이유는 없다.

그런데 많은 돈을 들이지 않고도 만족도를 높일 방법이 있다. 박물관의 경우 무료 입장 또는 입장료 할인 행사를 수시로 진행한다. 아니면 콘서트 입장권에 수백 달러를 쏟기보다 지역 공원이나 원형 극장에서 열리는 무료 콘서트를 찾아보자. 무료로, 또는 저렴하게 콘서트를 즐길 기회가 생각보다 너무 많아서 놀랄 수도 있다. 특히 판촉 및 특별 할인 행사가 드문 공휴일이나 주말이 아니라도 상관없는 사람이라면 그러한 기회가 더더욱 소중하게 다가올 것이다.

자제력을 믿지 말라

지금 내가 하는 말이 당신의 이야기는 아닌지 생각해 보자. 가령 당신에게 필요한 것이 있다. 이를테면 새 무선 충전기나 대화면 TV, 새 주방가전 등을 생각하고 있을 것이다. 당신은 아마존을 검색하여 원하는 제품을 찾은 다음 클릭 몇 번으로 그 애물단지를 구매한다.

그렇게 산 물건이 한동안 상자 안에 처박혀 있다. 애초에 그리 필요하지 않았거나 전혀 필요가 없었던 물건이었기 때문이다. 그래서 겨우 한두 번 사용하고 벽장이나 창고에 내팽개치기도 한다.

많은 사람이 위와 같은 경험을 하고 있으며, 아마존에서도 이를 잘 알고 있다. 오히려 아마존에서는 우리가 생각한 물건을 두 번 고민할 필요도 없이 간편하게 살 수 있도록 지원한다. 원하는 게 있으면 그냥 사면 되니 돈 쓰기 정말 쉬운 시대다.

이렇게 습관이 된 온라인 지출을 억제할 간단한 방법은 바로 '72시간의 법칙'이다. 우선 원하는 것을 바로 구매하지 않고 장바구니에 추가한다. 그리고 3일, 즉 72시간 뒤에 다시 들어와서 그 물건이 꼭 필요한지 확인한다.

물론 여전히 필요하다고 생각되면 그 물건에는 돈을 쓸 가치가 있다. 하지만 그 외에는 마음이 바뀌거나 전혀 필요치 않다고 생각하는 경우가 놀랄 정도로 많다. 72시간의 법칙은 누구나 쉽게 실천할 수 있다. 필요하다고 생각했던 물건을 구입하기 전부터 단 3일만 기다리면 되니까 말이다.

실행전략 앞으로의 실천 과제

1단계: 지출 관리의 5단계 절차부터 시작하자

달마다 돈을 어디에 쓰는지 철저히 파악해야 한다. 이어지는 단계 모두 바로 해당 단계에서 출발하기 때문이다. 여기에서 지레짐작과 반대는 금물이다. 법률 용어로 따지면 이는 '공표' 단계로, 당신의 돈에 대한 더 나은 결정을 위해 필요한 근거를 축적하는 과정이다.

2단계: 72시간의 법칙을 적용하자

온라인으로 원하는 물품을 구입하기 전, 장바구니에 그 물품을 72시간 동안 담아 두자. 사흘이 지나도 여전히 원하는 물건이라면 구매하자.

3단계: 꾸준히 실천하자

지출 방식을 개선하는 핵심 방안은 바로 꾸준한 실천이다. 다이어트처럼 한 달 만에 포기하고 원래대로 돌아가는 방식이라면 당신의 재정 건전성에 극적인 변화가 일어나기 어렵다. 안타깝지만 실제로 많은 이들이 그러한 경우에 해당한다.

꾸준히 실천하는 최선의 방법으로는 이상의 과정에 배우자를 동참하도록 하는 것이다. 다른 사람이 참여하면 책임감이 더 커지기 때문이다.

"여보, 이걸 정말 사야 해? 계획에 없던 거잖아?"

진부하게 들리겠지만, 완전히 새로운 지출 습관을 실천할 때는 자신에 대한 정직함을 유지하는 것이 무엇보다 중요하다.

제10장

불필요한 요소는 차단하기

　부채는 자동차 연료통에 집어넣은 모래와 같다. 당장 몇 km 정도는 달릴 수 있을지 몰라도, 방과 후 활동이 끝난 아이를 데리러 10km가 넘는 거리를 달리기는 어렵다. 이에 관한 이야기를 하나 소개하도록 하겠다.
　샘이라는 남자가 있었다. 샘은 안정적인 직장에서 성실하게 일하며 인생을 즐기는 사람이었다. 어느 날 샘은 새 차를 사고 싶어 했다. 그 차는 캐딜락이었다. 그는 스스로 캐딜락 정도는 탈 자격이 된다고 생각했다. 하지만 현금으로 캐딜락을 구입할 능력이 되지 않아 대출을 받기로 했다.
　샘은 그 정도야 대수롭지는 않다고 생각했다. 대출을 받아 자동차를 사는 사람이 많은 만큼 대출은 샘에게 큰 문제는 아니었다. 처음에는 샘도 편하게 생각했다. 새 캐딜락을 모는 모습을 상상만 해도 즐거웠다. 그리고 매달 할부금을 갚을 능력도 충분했기에 이렇게 비싼 차를 사도 괜찮을 것이라 생각했다.

하지만 시간이 흐르면서 상황이 달라지기 시작했다. 샘의 다른 지출이 누적되면서 그는 할부금 상환에 어려움을 느꼈다. 그는 당장 주머니에 현금이 없어도 원하는 것에 돈을 쓸 수 있는 유연한 소비를 선호했다. 자동차 대출은 그의 기호를 자극했고, 샘은 신용카드로 더 많은 돈을 지출하기 시작한 것이다. 결국 샘은 카드별로 최소 결제액만 지불하고 나머지는 다음 달로 계속해서 이월했다.

샘은 마음 한편에서 이자가 쌓이고 있다는 것을 알면서도 크게 신경 쓰지 않았다. 그는 여전히 열심히 일하며 즐겁게 삶을 이끌어가고 있었다. 그런데 불과 얼마 지나지 않아 월급으로는 간신히 생계를 유지하기도 어려운 지경에 이르렀다. 신용점수는 떨어지기 시작했고, 채권추심 전화도 걸려왔다. 악화된 재정 상황으로 가중되는 스트레스는 샘의 인간관계와 건강에도 영향을 미치기 시작했다.

그제야 샘은 자동차와 신용카드로 불어난 부채가 더는 감당하기 버거운 짐이 되었음을 깨달았다. 대출뿐 아니라 저축을 할 수 있도록 조금 더 저렴한 차를 샀더라면 하고 후회했다. 이제 그는 감당하기 어려운 캐딜락의 덫에 사로잡혔으며, 경제적 미래마저 암울해졌다.

이상으로 소개한 샘의 사례는 신중하지 않으면 부채가 순식간에 덫이 될 수 있음을 일깨운다. 샘처럼 대출과 신용카드가 지금 바라는 것을 얻는 손쉬운 해결책처럼 보인다. 그러나 시간이 지나면 값비싼 대가를 치러야 할 것이다. 따라서 늘 지출에 유의하고, 상환하기 어려운 수준의 빚을 지지 않도록 유의해야 한다.

부채의 더 큰 문제는 단순히 금전적인 어려움에 그치지 않는다는 점이다. 부채는 인간관계에도 마찰을 일으킨다. 미국의 금융회사 앨라이 파이낸셜(Ally Financial)의 조사보고서에 따르면 인간관계 스트레스의 주요 원인 중 36%가 '돈'으로 나타났다.[26] 즉 빚이 인간관계마저도 어렵게 만드는 것이다.

좋은 부채와 나쁜 부채?

이해가 되지 않겠지만, 좋은 부채도 존재한다. 이는 분명하다. 그렇다고 지금 당신이 짊어진 부채가 꼭 좋다는 의미는 아니다.

좋은 부채와 나쁜 부채의 차이는 그 부채가 미래를 위한 투자인지, 아니면 당신의 돈만 갉아먹는 짐인지에 달렸다. 좋은 부채는 주택 구입, 학비 지출, 창업 등 당신의 재정 목표에 더 빨리 도달하도록 돕는다. 반면에 나쁜 부채는 장기적으로 아무런 이점이 없으며, 재정 상황을 더 악화시킬 뿐이다. 우리가 보유한 소비자 부채의 대부분은 좋은 것이 아니다.

이상의 악성 부채는 우리의 재산 형성 가능성을 좀먹는 고금리 부채이다. 그 대표적인 예가 신용카드 부채이다. 페이데이 론 또한 무슨 수를 써서라도 피해야 할 나쁜 대출의 사례이다. 자동차 등록원부, 즉 소유권을 담보로 대출하는 자동차 담보대출은 물론이다. 또한 금리가 높고 수수료가 부과되는

---

26 "Money Causes the Most Stress for Couples, According to New Ally Survey." Ally Financial(2018). https://www.prnewswire.com/according-to-new-ally-survey-300663794.html.

매장 신용카드(store credit card)[27] 역시 나쁜 부채의 예다. 그렇다면 좋은 부채에는 어떤 것들이 있을까?

좋은 부채란 자산의 가치를 높이는 것을 말한다. 즉 목적이 빌린 돈보다 더 많은 돈을 벌게 해 줄 무언가를 짓거나 사기 위한 것이라면 좋은 부채라고 할 수 있다. 좋은 부채의 예로는 다음과 같은 것이 있다.

학자금 대출

교육 및 역량 강화에 투자하기 위해 빌린 돈은 더 높은 소득과 더 나은 취업 기회로 이어질 수 있으므로 가치 있는 투자라 할 수 있다. 또한 선택한 직종의 소득 잠재력이 높아질수록 학자금 대출이 좋은 부채로 전환될 가능성도 커진다. 다만 중세 인형극 분야의 학위는 학자금 대출을 받기에 가치 있는 대상이 아닐 수도 있다. 대부분의 기업에서 인형극 전문가를 원하는 경우는 극히 드물기 때문이다.

하지만 회계나 컴퓨터 공학, 전기 공학, 간호학 등이라면 어떨까? 다수의 학위 과정이 높은 급여와 고용 안정성으로 이어진다는 점이 입증되었다. 이처럼 학자금 대출은 고소득 직종으로 취업을 준비할 때 활용하는 것이 최선이다.

담보대출

주택 구입을 위한 담보대출은 장기적인 부동산 가치 상승으로 재산 형성에 기여할 수 있으므로 좋은 투자라 할 수 있다. 그러나 주택의 유지관리와

---

27   특정 매장에서만 사용할 수 있는 신용카드로, 사용처가 제한적이지만 할인이나 포인트 적립 등 다양한 혜택을 제공한다.

관련하여 발생한 비용으로 수익이 줄어들 수 있다는 점도 명심해야 한다.

소상공인 대출

작은 사업체를 시작하고 성장시키기 위한 대출은 매출과 수익 증대로 긍정적인 투자 효과를 낳을 수 있다.

부동산 투자

임대 소득을 창출하는 부동산 자산에 투자하여 부동산 소유주가 되기 위해 돈을 빌리는 것이 장기적으로 당신의 재산을 늘리는 수동적 소득원이 될 수 있다.

이상에서 제시한 것들은 빌린 것보다 더 많은 돈을 벌 수 있는 잠재력을 지니므로 좋은 투자라고 할 수 있다. 그런데도 악성 부채를 떠안고 있는 사람이 많다. 부자가 되려면 악성 부채를 피해야 한다.

그렇다면 악성 부채에는 구체적으로 무엇이 있는가? 다음은 악성 부채의 예이다.

신용카드

신용카드 결제 잔액을 다음 달로 이월하는 것은 악성 부채의 가장 흔한 유형이다. 고금리로 이자가 누적되어 잔액을 결제하기 어려워져 부채의 악순환으로 이어질 수 있기 때문이다. 금융정보회사인 고뱅킹레이츠(GoBankingRates)의 조사 결과에 따르면, 미국인의 30%가 1,001달러에서 5,000달러 사이의 신용카드 부채를 진 것으로 나타났다.[28] 이는 결코 좋은 현상이 아니다.

신용카드 부채가 얼마나 끔찍한 결과를 초래할 수 있는지 예를 들어 보겠다. 이전에 설명한 복리의 개념과 투자에서의 놀라운 복리 효과를 기억하고 있을 것이다. 그런데 신용카드 부채는 그것과 정반대의 효과를 지닌다. 똑같은 복리 효과인데도 오히려 우리의 돈을 빼앗아 가는 것이다.

신용카드 잔액 1,000달러의 연이율이 20%라고 가정하자. 월 최소 결제액인 25달러만 결제할 때, 그 잔액에 한해 이자가 적용된다. 그러면 첫 달에는 1,000달러에 이자가 적용되므로 16.67달러(=1,000×0.2÷12)의 이자가 발생한다. 여기에 최소 결제액 25달러를 차감하면 잔액은 991.67달러(=1,000-25+16.67)가 남는다.

두 번째 달에는 신규 잔액 991.67달러를 기준으로 16.53달러(=991.67×0.2÷12)의 이자가 발생한다. 여기에 다시 최소 결제액인 25달러를 차감하면 983.20달러(=991.67-25+16.53)가 남는다. 이상의 과정이 달마다 반복되면서 잔액에 대한 이자도 복리로 늘어난다. 앞에서 살펴본 바와 같이 이자는 빠르게 늘어나며, 최소 결제액만을 갚을 경우, 전액 상환까지는 긴 시간이 소요된다.

구체적으로 얼마나 오래 걸리는가? 연이율 20%의 신용카드 부채 1,000달러를 월별 최소 결제액인 25달러로만 갚는다면 무려 5년 반이 지나야 모두 갚을 수 있다. 그런데 이보다 더 큰 문제는 같은 기간 동안 이자만 662달

---

28 Olya, G. "Jaw-Dropping Stats About the State of Debt in America." Yahoo Finance(2023). https://finance.yahoo.com/news/jaw-dropping-stats-about-the-state-credit-130022967.html.

러가 불어나 1,000달러의 부채가 총 1,662달러로 늘어난다는 점이다. 물론 이는 신용카드에 추가적인 비용이 발생하지 않는다는 전제에서 예측한 것이다.

그렇다면 월별 최소 결제액의 두 배인 50달러씩 납부한다면 어떨까? 갚아야 할 이자와 결제 기간도 절반으로 줄어들 것이라고 생각한다면 오산이다. 물론 2년 남짓에 모두 정리할 수 있다는 점에서 25달러보다 훨씬 낫다. 그리고 이자도 227달러가 전부이다. 최소액의 두 배를 결제함으로써 큰 차이를 만드는 것이다!

그러나 월별 상환 금액이 얼마든 신용카드 회사에서 부과하는 이자로 구매가보다 훨씬 많은 금액을 지불해야 함은 변하지 않는다. 따라서 부채의 악순환에 사로잡히지 않으려면 월별 최소 결제액보다 많은 금액을 결제하는 것이 중요하다. 따라서 최선의 방책은 달마다 대금을 모두 결제하여 신용카드 부채를 모두 없애는 것이다.

페이데이 론

페이데이 론은 재정 문제를 해결할 손쉬운 해법으로 보인다. 그러나 이 또한 높은 금리와 수수료, 촉박한 상환 기간으로 단시간에 악성 부채가 되기 쉽다.

페이데이 론은 비상금이 없는 사람들이 주로 긴급한 지출이나 예기치 않게 날아온 청구서를 해결하기 위해 활용한다. 이 유형의 대출은 보통 수백에서 수천 달러의 소액을 취급하며, 차용인이 다음 급여일에 상환하는 것이 일반적이다. 결국 다음 급여를 담보로 돈을 빌리는 셈이다. 페이데이 론을 받으려면 다음과 같은 절차를 거친다.

- **신청**: 차용인이 개인 정보, 고용 정보, 은행 정보 등을 대출 기관에 제공한다.
- **대출 기관 측 조회**: 대출 기관에서 추가 서류를 요청하거나 차용인의 고용주와 연락하여 고용 및 급여 관계를 확인한다.
- **대출 승인**: 대출 기관에서 차용인이 페이데이 론에 적격이라고 결정하면 대출을 승인하고, 금리와 수수료를 포함한 대출 조건을 차용인에게 제시한다.
- **대출금 수령**: 차용인이 대출 조건에 동의하면, 대출 기관에서 현금 또는 차용인의 은행 계좌에 입금하는 방식으로 대출금을 지급한다.
- **대출금 상환**: 대출 상환일은 보통 다음 급여일이다. 차용인은 대출금을 전액 또는 일반적으로 이자와 수수료를 포함한 최소 금액으로 상환할 수 있다. 대출금을 다음 급여일 이후에도 전액 상환하지 못할 때는 추가 수수료를 지불하여 대출금을 이월할 수 있다.

페이데이 론은 고금리에 수수료까지 있어 돈이 상당히 많이 드는 선택지라는 점을 유의해야 한다. 차용인은 다른 조건을 모두 충족하면서 다음 급여일까지 상환이 가능할 때, 비로소 페이데이 론을 고려할 수 있다. 이 대출 방식은 100달러를 빌릴 때 10~30달러의 수수료는 일반적이며, 금리가 20%를 넘는 경우도 드물지 않다. 게다가 대출금을 갚기 위해 또 다른 대출을 받는 악순환을 반복함으로써 부채의 늪에 빠져 재산을 탕진하곤 한다.

의료비 부채

온라인 대출 플랫폼인 렌딩 트리(Lending Tree)에 따르면, 절반에 가까운 미국인이 과거 또는 현재에 의료비 부채를 진 적이 있다고 응답했다. 특히 그중 25%는 여전히 부채를 해결하지 못하고 있다고 한다.[29] 의료비 지출은 빠른 속도로 증가하며, 이는 개인 파산의 주요 원인에 해당한다. 병실에서 하루라도 입원하는 날에는 의료비가 고공 행진을 하듯 하늘 높이 치솟기 시작할 것이다.

도박 부채

도박 부채는 보통 높은 금리 및 수수료의 신용카드나 페이데이 론 등을 동반하므로 더 설명할 필요가 없는 악성 부채이다. 특히 도박 중독자의 경우 나쁜 습관을 끊지 못한 나머지 더 많은 대출을 받는 등 부채의 악순환에 빠지기 쉽다.

미납 청구서

공과금이나 의료비 등 기한 내에 납부하지 않은 청구서도 순식간에 악성 부채로 돌변할 수 있다. 연체료와 이자 비용이 누적되면서 납부 금액이 빠르게 불어날 수 있기 때문이다.

---

29 Delfino, D. "23% of Americans Have Medical Debt (and Other Stats)." Lending Tree(2022). https://lendingtree.com/personal/medical-debt-statistics.

장애물에서 벗어나기

악성 부채가 있을 때는 그것부터 없애는 것을 가장 우선으로 삼아야 한다. 따라서 이 장의 남은 부분에서는 부채에서 벗어나고, 앞으로 부채를 지지 않는 방법을 논의한다.

> 부채에서 벗어나기 위해서는
> 행동은 물론 생활 방식까지 바꿔야 한다.

그렇다. 빚이 없는 삶도 생활 방식이다. 그동안 만들어 온 습관과 과거의 결정이 모여 당신도 깨닫지 못하는 사이에 생활 방식을 형성한다. 지금 우리는 재산을 축적한 습관과 악성 부채를 예방하기 위한 결정을 이야기하고 있다. 따라서 앞으로도 더 많이 이야기할 것이지만, 당장은 우리와 부채와의 관계가 사람들이 흔히 생각하는 것보다 복잡하다는 점을 기억해야 한다.

그렇다고 해서 걱정할 필요는 없다. 부채에서 벗어나는 것은 어렵지 않다. 다만 시간이 조금 걸릴 뿐이다. 이전에도 다이어트의 예를 든 적이 있었는데, 중요한 내용이기에 여기에서 다시 예로 들어 보겠다.

주지하다시피 한 달간의 다이어트로는 오래도록 지속적인 결과를 얻기는 어렵다. 한 달 동안 몇 kg의 살을 뺄 수는 있다. 그러나 이것이 일상적인 생활 습관으로 자리 잡지 못하면 빠졌던 살도 다시 찌기 쉽다. 결국 원점으로 되돌아가는 것이다.

〈도전! FAT 제로(The Biggest Loser)〉[30]라는 프로그램을 본 적이 있는가? 초고도비만인 사람들이 출연하여 누가 살을 가장 많이 빼는지 경쟁하는 TV 리얼리티 쇼였다. 이론상으로는 훌륭했지만, 다수의 참가자들이 체중 감량을 생활화하지 못하는 바람에 도로 살이 찌는 결과를 초래했다. 실제로 미국 국립보건원(National Institutes of Health, NIH)에서 '가장 살을 많이 뺀' 14명의 참가자를 6년에 걸쳐 조사한 바 있었다. 조사 결과 참여자 모두 원래 체중으로 돌아갔거나, 그보다 살이 더 찐 것으로 나타났다.[31]

부채에서 벗어나는 법도 이와 다르지 않다. 악성 부채 없애기는 물론 좋은 일이다. 가능하면 빨리 이루어야 할 소망이다. 그러나 라이프 스타일을 부채를 멀리하는 방향으로 바꾸지 못하면, 당신과 가족은 평생 빚의 구렁텅이에서 헤어나오기 어려워질 것이다. 이는 결코 달갑지 않은 일이다.

이제부터 부채를 벗어나는 법에서 앞으로 부채를 지지 않는 방법까지를 본격적으로 이야기하려 한다. 준비가 되었다면 바로 시작하도록 하겠다.

악성 부채가 있다면 먼저 그 부채부터 없애는 것이 급선무다. 악성 부채를 해치우는 방법은 크게 두 가지가 있다. 바로 눈사태(Debt Avalanche)와 눈덩이(Debt Snowball) 기법이다. 두 기법 모두 부채 상환에 접근하는 방식에 차이만 있을 뿐, 시간을 들여 부채를 줄여 나간다는 점에서는 같다.

눈사태 기법은 부채별 금리에 따라, 눈덩이 기법은 부채의 규모에 따라 우선순위를 정하는 방식이다. 그렇다면 두 기법의 특징은 어떠한지 하나씩

---

[30] 2004년부터 미국에서 방영한 다이어트 서바이벌 프로그램.

[31] Fothergill, Erin, Juen Guo, Lilian Howard, Jennifer C. Kerns, Nicolas K. Knuth, Robert Brychta, Kong Y. Chen et al. "Persistent Metabolic Adaptation 6 Years after 'The Biggest Loser' Competition." Obesity 24, no. 8(2016):1612-1619. https://pubmed.ncbi.nlm.nih.gov/27136388/.

살펴보기로 하자.

눈사태 기법

눈사태 기법은 금리가 가장 높은 부채의 우선 상환에 집중하면서 나머지 부채는 최소 상환액을 유지하는 전략이다. 가령 20% 금리는 4%보다 몇 배나 높다는 것은 다들 알고 있을 것이다. 따라서 이 기법은 가장 비용이 많이 드는 부채부터 먼저 청산한다는 취지이다.

'부채 선회(debt stacking)'라고도 불리는 눈사태 기법의 주된 목표는 부채의 존속 기간 동안 총 이자 비용을 줄이는 것이다. 이는 상환할 부채의 종류를 무작위로 선택하는 것보다 빠르고 효율적으로 상환한다는 의미이다. 눈사태 기법의 작동 방식은 다음과 같다.

- **1단계**: 총액, 금리, 월별 최소 상환액 등을 포함하는 부채 목록을 작성한다.
- **2단계**: 모든 부채를 금리가 높은 순서대로 분류한다.
- **3단계**: 다른 부채 전반에 대한 최소 상환액을 설정하고, 목록의 가장 첫 번째 부채에 대해서만 추가 상환액을 설정한다. 즉 느리지만 확실하게 부채를 청산하기 위해 최소 상환액보다 많이 납입한다는 의미이다.
- **4단계**: 첫 부채를 모두 상환하면 동일한 금액을 다음 순서가 되는 부채의 추가 상환액으로 설정한다. 모든 부채를 청산할 때까지 지금까지의 과정을 반복한다.

아래와 같이 고금리 순서로 정렬한 세 가지 부채 유형의 사례를 확인하기 바란다.

부채	보유 총액	금리	최소 상환액
비자 카드	$6,700	20%	$55
자동차 대출	$14,500	5.5%	$50
학자금 대출	$35,429	3.78%	$60

위에서 알 수 있는 바와 같이 학자금 대출 원금이 가장 크지만, 금리는 신용카드가 가장 높으므로 1순위 상환 대상이 된다. 그리고 모든 부채에 최소 상환액을 적용하고, 신용카드 부채를 청산할 때까지 추가 상환액을 납입한다. 그 뒤의 우선 상환 대상은 자동차 대출이다.

눈사태 기법은 부채의 존속 기간에 걸쳐 이자를 가장 많이 절약할 수 있어 효율적인 부채 상환 전략이다. 또한 고금리 부채를 위주로 상환함으로써 총 이자 비용을 줄일 수 있어서 청산하는 속도도 그만큼 빨라진다.

하지만 세상일이 늘 그렇듯, 이 전략을 적용하기 전에 몇 가지 단점도 염두에 두어야 한다. 예컨대 고금리 부채를 청산하는 데는 시간이 오래 걸리므로 의욕이 떨어질 수도 있다. 그리고 금리가 동일하게 높은 대규모 부채가 있을 때는 월별 전체 상환액도 많아지므로 예산에 압박을 받을 수 있다.

하지만 위의 단점에도 고금리 부채를 여러 가지 보유하고 있으면서 이자 비용을 아끼려는 사람들에게 눈사태 기법은 효율적인 부채 상환 전략이다. 이 기법을 유지하기 위해 상당한 의지와 노력이 필요하지만, 그 보상은 상당할 것이다.

눈사태 기법의 장단점	
장점	단점
• 전체 부채의 총 이자 절감 • 신속한 부채 상환 • 고금리 부채부터 상환하겠다는 의지 자극	• 더 강한 절제력 필요 • 긴 진행 경과 요구 • 금리로 부채의 순서를 정하는 세심한 노력 (금리가 명확하지 않은 경우도 있음)

눈덩이 기법

금융 전문가이자 유명 라디오 토크쇼 진행자인 데이브 램지가 선호하는 눈덩이 기법은 부채의 규모를 기준으로 가장 작은 단위부터 우선순위를 정하여 상환하는 전략을 말한다. 이 기법의 이면에 있는 목적은 가장 작은 부채에서 더 큰 부채 순으로 하나씩 청산하면서 상환의 동력을 형성한다는 것이다. 즉 눈덩이 기법은 부채가 하나씩 없어질 때마다 동기가 강화되어 모든 부채를 더 빨리 청산하는 것에 목적을 둔다.

- **1단계**: 모든 부채와 금리, 월별 최소 상환액 등을 포함하여 부채와 관련된 모든 사항을 목록화한다.
- **2단계**: 부채별 총액을 기준으로 가장 적은 것부터 많은 순서로 정렬한다.
- **3단계**: 모든 부채를 최소 상환액만 납입하고, 목록에서 가장 규모가 적은 첫 번째 부채에만 추가적으로 입금한다. 이 부채는 규모가 작아서 목록에서 지우는 데 많은 시간이 걸리지 않으므로 성취감과 의욕을 얻어 다음 부채 상환에 집중할 수 있다.
- **4단계**: 하나의 부채를 모두 상환한 후에는 그 부채의 상환액과 동일한 금액을 그다음 부채의 추가 상환액으로 납입한다. 모든 부채를 완전히 청산할 때

까지 이 과정을 반복한다.

예컨대 원금이 각각 500달러, 1,000달러, 3,000달러, 7,000달러, 10,000달러인 다섯 가지 부채가 있을 때, 제일 먼저 500달러 부채의 청산을 목표로 한다.

눈덩이 기법을 적용하여 원금 액수가 가장 적은 부채를 제외한 나머지에는 월별 최소 상환액만 납입한다. 그리고 원금이 가장 적은 부채에 대해서는 청산까지 달마다 가능한 한 많은 금액으로 상환한다. 이처럼 추가 금액을 납입하려면 당신의 예산에서 확보해야 하는데, 이 또한 앞에서 설명한 재정 목표의 하나가 될 수 있다. 추가 납입금 확보는 불필요한 지출 삭감이나 수입을 늘릴 방법 또는 두 가지 모두를 통해서도 가능하다.

규모가 가장 작은 부채의 청산이 완료되면 그다음 규모의 부채로 넘어간다. 그런데 이번에는 방금 청산한 부채에 더는 월별 최소 상환액을 납입할 필요가 없으므로 두 번째 부채에 납입할 자금을 더 많이 확보할 수 있다. 이렇게 확보한 자금을 두 번째 부채의 최소 상환액에 추가로 납입한다. 이렇게 하면 부채를 빠르게 청산할 수 있다.

그 예로 첫 번째 부채의 최소 상환액이 50달러인데 매달 100달러씩 납입했다면, 이제는 이 100달러를 두 번째로 적은 부채의 최소 납입액에 더할 수 있다. 그러면 두 번째 부채를 첫 번째보다 더 빨리 상환할 수 있다.

목록에 있는 부채들을 위와 같은 방식으로 청산하다 보면, 부채가 하나씩 사라질 때마다 청산 동력과 의욕이 샘솟는다. 눈덩이 기법은 부채를 없애겠다는 당신의 목표를 향한 집중력을 유지하도록 도울 뿐 아니라 각 부채가 청산될 때마다 성취감을 느끼게 한다.

위와 같이 부채 눈덩이 기법의 가장 큰 장점은 바로 동기부여이다. 작은 부채를 중심으로 하나씩 청산해 나가며 작은 승리를 거둘 때마다 활력이 샘솟는다. 또한 이를 계속 이어가겠다는 의지도 북돋는다.

두 상환 기법 가운데 무엇을 선택하느냐는 중요하지 않다. 오히려 하나라도 정하는 것이 가장 중요하다. 부채를 청산하면 재산이 늘어나고 신용점수가 높아지면서 결과적으로 자동차 대출이나 담보대출 등의 대출이나 보험료, 아파트 임차 등에서 더 우월한 자격을 취득한다. 일부 기업에서는 직원을 채용하기 전에 기본적인 신원확인 방법으로 신용점수 조회를 일상적으로 활용한다. 바꾸어 말하면 악성 채무를 최대한 빨리 갚는다고 해서 불이익이 따르는 경우는 없다.

눈덩이 기법의 장단점	
장점	단점
• 작은 승리들이 부채 청산 의지를 북돋움 • 금리에 신경 쓰지 않으므로 실행이 손쉬움	• 부채 청산에 시간이 조금 더 걸릴 수 있음 • 전체 부채의 총 납입 이자가 조금 늘어날 수 있음

당신의 재정적 목표는 무엇인가?

앞에서 설명한 바와 같이 부채에서 벗어나는 것 못지않게 부채를 지지 않는 것도 중요하다. 부채를 지지 않는 것도 하나의 생활 방식이지만, 그것이 항상 쉬운 일은 아니다. 하지만 부채가 없을 때의 이점이 부채가 있을 때 감수해야 하는 희생보다 훨씬 크다.

무엇보다 내가 강조하는 것은 신용카드와 도박 빚 같은 악성 부채를 멀리하는 것이다. 자기계발 또는 사업체와 주택처럼 가치 있는 자산을 구입하기 위해 빌린 좋은 부채도 면밀하게 관리해야겠지만, 좋은 부채는 여기서 논의하는 대상은 아니다.

악성 부채를 멀리하려면 생활 방식을 근본적으로 바꿔야 한다. 즉 우리가 돈을 바라보는 방식도 달라지면서 신용카드를 사용할 때에도 없는 돈을 쓴다기보다 그저 편리함만을 생각하게 된다. 또한 신용카드를 절제하며 사용하면 여러 가지 혜택도 있다.

따라서 우리는 돈을 하나의 도구로 이해하며, 모든 도구는 무에서 무언가를 창조하기 위해 만들어진다. 그 무언가가 당신에게는 늘 꿈꾸던 호숫가의 그림 같은 집일 수도 있고, 카리브해로의 이사나 조기 은퇴일 수도 있다.

부채를 지지 않으려면 다음의 네 가지 원칙을 기억하기 바란다.

재정 목표 설정하기

이전에도 언급한 바와 같이 저축과 투자에 대한 이유가 있어야 실천의 가능성도 커진다. 단순히 '미래'를 위해서라기보다 원하는 보트를 사기 위해 수입의 일부를 저축하는 편이 훨씬 더 명확하다. 보트는 가시적인 목표인 데 반해 미래는 구체적이지 않기 때문이다. 따라서 재정 목표는 명확하고 구체적이며, 달성 가능할수록 좋다.

'나'를 위해 지출하기

나를 위한 지출 원칙은 저축과 투자 목표를 달성하고, 청구서를 모두 해결하며, 죄책감 없이 지출을 즐기는 훌륭한 방법이다. 자신에게 먼저 지출하면 빚을 질 가능성도 작아진다. 뜻밖의 지출에 대비하여 충분한 돈을 따로 모으고 있으며, 원하는 것에 지출할 돈이 얼마나 남았는지 정확히 알고 있기 때문이다.

지출 추적하기

지출을 추적하면 당신이 올바른 방향으로 가고 있는지, 또는 지출이 과하지는 않은지를 확인할 수 있다. 이 방법이 가장 확실한 편이다. 대다수 부자는 어느 명목에 얼마만큼의 금액을 지출하는지를 웬만큼 파악하고 있다. 지출을 절제하기 힘든 상황이라면 스프레드시트를 활용하여 지출 상황을 명확하게 파악하고, 소비 습관을 간단하게 수정할 수 있다.

비상금 마련하기

자동차 사고와 의료비, 실직 등 뜻밖의 지출 상황에서 비상금이 없으면 빚을 질 위험이 있다. 저축예금에 약간의 돈이라도 따로 모아 둔다면, 궂은 날에 급하게 돈이 필요할 때 완충재 역할을 할 것이다.

> **실행전략** 앞으로의 실천 과제

1단계: 악성 부채를 파악하자

다시 강조하건대 악성 부채에는 신용카드, 페이데이 론 및 가치 없는 자산에 투입된 모든 부채가 포함된다. 특히 이들 부채는 고금리인 경우가 많으므로 최대한 빨리 상환하는 데 주력해야 한다.

2단계: 상환 계획을 수립하자

눈사태 기법이나 눈덩이 기법, 또는 다른 부채 상환 계획 가운데 어떠한 것을 선택하더라도 악성 부채를 상환하는 것을 최우선으로 삼아야 한다. 악성 부채는 재산을 늘려 부자가 되는 데 독이 된다.

3단계: 추적을 계속하자

지출 추적은 언제나 필수이다. 돈을 어디에 쓰는지 추적하지 않으면 빚을 질 가능성이 10배는 커진다.

제2부
부의 축적을 넘어

제1부에서는 똑똑한 부자의 열 가지 원칙을 다루었다. 이들 원칙은 장기적으로 부자의 꿈을 이루는 데 도움을 줄 것이다. 그런데 당신이 부자가 되고 싶어 하는 이유는 무엇인가? 그냥 이유 없이 부자가 되고 싶은 것인가? 그건 아닐 것이다.

세상의 모든 돈을 다 가지고 있음에도 그 돈으로 무엇을 해야 하는지 모른다고 상상해 보자. 아마 나를 포함한 대다수 사람이라면 재산을 축적한 이유쯤은 아랑곳없이, 그저 돈이 있다는 이유로 여기저기에 닥치는 대로 돈을 써 대기 시작할 것이다.

재산 형성의 이면에는 정말로 원하는 일을 할 수 있는 자유가 전제되어 있다. 설령 그것이 사무실 밖에서 더 많은 시간을 보낸다는 의미일지라도 말이다. 시간적 자유야말로 궁극의 자유이며, 재정적 자립은 그러한 자유의 개념을 도입하여 실로 눈부신 성과를 거두었다. 언론의 주목을 끈 것도 당연했다.

그동안 우리 부부도 CBS, 마켓워치(MarketWatch)는 물론 CNBC의 방송 영상과 수많은 인터넷 뉴스 기사에 출연했다. 이러한 경험을 토대로 제2부에서는 재정적 자립 이후의 삶을 심도 있게 다루고자 한다. 이러한 삶이란 무엇이며, 그것이 당신에게 어울리는가를 돌아보고, 제1부의 내용을 활용하여 앞으로 어떻게 살아갈지를 배울 수 있을 것이다. 여기에서는 아주 흥미로운 내용을 다루면서도 우리가 그동안 쏟아 온 노력의 결실을 향유한다.

이에 앞서 개인적인 이야기 하나를 하고자 한다. 13년 전 봄, 햇살이 쏟아지던 어느 토요일 아침이었다. 나는 애리조나주 투손(Tucson) 남부 교외의 한 주택에서 살고 있었다. 고액의 급여를 받는 독신 소프트웨어 개발자였던 나는 삶이 주는 쾌락을 모두 즐기며 살았다. 누구나 아는, 부와 성공의 초상과 같은 삶이었다. 직장에서 매일 내가 맡은 일을 하고, 집으로 돌아와 다음 날 책상에 쌓일 산더미 같은 일은 잊고 싶었다.

토요일 아침, 차고로 향한 나는 출입문 개폐 스위치를 향해 기계적으로 손을 뻗었다. 수천 번을 무심코 하던 행동이었지만, 그날만큼은 무언가 달랐다. 무슨 이유에서인지 내 몸이 얼어붙었다. 스위치로 손이 가지 않았다. 대신 뒤로 돌아서 내 앞을 가로막고 있는 것들을 바라보았다.

내 왼쪽에는 신형 캐딜락 CTS가 있었다. 가운데에는 내가 스물여덟 살 신입사원 시절부터 매달 220달러의 보험료를 내던 야마하 R1 스포츠 바이크가, 그리고 오른쪽으로는 슈퍼차저 엔진의 흰색 콜벳 컨버터블이 있었다. 그 모두가 내 것이었다. 차고를 가득 채운 값비싸고, 더러는 생명까지 위협할, 아드레날린 충만한 이 장난감들은 언제든 내 삶의 행복하지 못한 부분을 날려 버리도록 나를 도울 준비를 하고 있었다.

차고의 문을 열기 전, 나는 그것들을 바라보며 선 채로 그 모두에 들인 돈을 생각했다. 물론 이들 차와 오토바이를 모는 것도 즐거웠지만, 그것만으로는 내 삶을 고갈시키는 직장생활을 극복할 수 없었다.

그 모두를 가지고서도 아직도 불만족스럽다고? 그런데 무언가 빠진 듯 부족한 느낌이었다. 그러나 그것이 무엇인지는 모르겠다.

아무튼 그때는 내 선택이 틀렸음을 처음으로 인정한 날이었다. 그것도 아주 잘못되었음을 말이다. 당시 나는 한참 어린 탓에 세상 물정을 몰랐다. 그런데 그 주말은 돈과 삶에 관한 나의 관점을 뒤바꾼 시점이었다. 나에게는 탈출구가 필요했다. 따라서 일을 그만두고 나머지 인생을 진심으로 행복하게 보낼 방법을 찾기로 결심했다. 그때는 깨닫지 못했지만, 해답은 두 가지에 있었다.

첫째는 재정적 자립(Financial Independence)이다. 이는 여생 동안 돈 벌 궁리를 하지 않아도 될 만큼 충분한 돈을 저축하고 투자했다는 의미이다. 또한 재정적 자립은 복리와 지출 관리, 그리고 투자에서 창출된 자본이익만으로 생활할 수 있음을 나타내기도 한다. 곧 돈이 정말로 당신을 위해 일하고 있는 것이다.

물론 재정적으로 독립했다고 해서 반드시 직장을 그만두어야 한다는 것은 아니다. 일이 즐겁다면 그 일을 계속하는 것이 당연하다. 재정적 자립은 굳이 일할 필요는 없지만 어떤 선택을 하든 상관없다는 의미도 내포한다. 다시 말하면 선택은 당신의 몫이다.

둘째는 조기 은퇴(Retire Early)이다. 재정적 자립을 달성했다면 직장을 그만두고 일찍 은퇴함으로써 나만의 전략을 완성한다. 이는 곧 일을 그만두고 투자 수입으로 여생을 즐기며 살기로 했다는 뜻이다.

이 시점에서 몇 가지 의문을 제기할 수도 있다. "그동안 투자를 얼마나 했어야 하나요?", "시장의 하락으로 나의 자본이득이 줄어들면 어떡하죠?"와 같이 말이다. 그런데 걱정할 필요는 없다. 우리가 그 모든 의문에 해답을 제시할 것이다. 세간에 부자의 의미와 부의 축적 방식에 관한 오해가 많지만, 앞으로 이어질 내용을 통해 모두 명쾌하게 해명할 것이다.

커뮤니티에서는 내 이야기가 딱히 특별한 사연은 아니다. 하지만 나머지에 속하는 다수에게는 매우 특별한 이야기처럼 보일 것이다. 심지어 정신 나간 소리라고 생각하는 사람도 있으니 말이다.

나는 사무실에 발을 들이던 순간부터 이 일이 나와 맞지 않는다는 것을 직감했다. 업적평가, 불필요한 회의, 말뿐인 회사 강령, 자기가 잘난 줄 아는 동료들, 이 모두가 견디기 어려웠다.

그런데도 14년이 넘는 시간을 어떻게든 견뎌 냈고, 한 계단씩 승진도 했다. 회사를 옮기고 급여도 올라가면서 중요한 역량도 익혔다. 그렇지만 65세까지의 직장생활은 여전히 내게 어울리지 않는다는 생각만큼은 그대로였다.

사실 어렸을 때만 해도 재정적 자립이나 조기 은퇴 같은 개념은 없었다. 사람들이 그렇듯, 나 역시 무엇을 원하는지 제대로 알지 못했다. 하지만 원하지 않는 것만큼은 정확히 알고 있었다. 칙칙한 사무실 건물에서 다른 사람들의 문제를 해결해 주며 40년이나 직장생활을 하는 것 말이다.

그런데 한 여자를 아내로 맞으면서 그동안 생각해 온 모든 것이 현실이 되기 시작했다. 그녀는 로켓 연구원이었고, 수입이 나와 비슷했다. 우리는 일을 그만둘 때까지 매년 200,000달러를 살짝 웃도는 돈을 벌었다. 그때가 2013년이었는데, 그 무렵에 그 연봉이라면 인생 역전이 가능할 정도의 큰돈이었다.

이제 우리 부부에게는 결정만이 남았다. 비교적 수입이 많았던 우리는 둘 중 하나를 정해야 했다.

록스타처럼 살 것인가?

상상만 해도 즐거운 인생이었다. 거대한 별장, 고급 승용차로 즐기는 드라이브, 화려한 만찬, 스포츠 시즌권 등을 누리는 인생 말이다. 얼마든지 더 화려한 인생을 즐기고 돈도 펑펑 쓸 수 있었다.

저축하고 투자하여 은퇴할 것인가?

록스타 같은 삶의 대척점에는 수입 대부분을 저축하고 투자하여 빠르게 재산을 늘리는 길이 있었다. 이렇게 쌓은 재산으로 일을 그만두고, 원하는 대로 즐겁게 살아가는 방법도 있었다.

우리가 어떤 삶을 선택했는지는 이미 잘 알 것이다. 아내와 나는 여러 해 동안 통산 급여의 70%를 저축했다. 200,000달러의 70%는 굉장히 큰돈이다. 그때 우리가 한 일을 정확하게 소개하면 다음과 같다.

- 당시 17,000달러였던 일반 퇴직연금을 최대치로 늘렸다.
- 당시에 5,500달러였던 개인퇴직계좌를 최대치로 늘렸다.
- 뱅가드 증권계좌를 개설하여 연간 100,000달러 이상을 인덱스 펀드에 투자하여 주식시장의 위력을 최대한 활용했다. 매월 자동화 시스템을 이용하여 투자 과정도 손쉽게 이루었다.
- 지출을 면밀하게 추적했다. 최근 몇 년 동안 아내가 고구마를 사는 데 얼마나

지출했는지도 파악할 수 있을 정도였다. 이렇게까지 상세하게 파악할 필요는 없었지만, 우리 부부는 그랬다.

우리 부부는 최대한 빨리 재정적 자립을 이루기 위해 가진 것을 모두 쏟아부었다. 3년 동안 대학생처럼 생활하며 수십만 달러를 모았고, "이제 시작해도 되겠어."라는 말이 나올 때까지 빠르게 재산을 늘려 갔다.

결과적으로 우리는 바람을 현실로 이루었다. 우리는 회사를 그만두면서 집도 매각하고, 에어스트림 RV에 몸을 맡기며 미국 전역을 돌아다녔다. 여행을 통해 우리 부부는 미국에 대해 많은 것을 알게 되었으며, 세상 무엇과도 바꿀 수 없는 소중한 추억을 만들었다.

물론 재정적 자립과 조기 은퇴를 이루기 위해 집을 팔고 트레일러를 사라는 것은 아니다. 이는 단지 우리 부부의 사례일 뿐이다. 그리고 재정적 자립이 이루기 쉬웠다고 말하려는 것은 더더욱 아니다. 결코 쉽지 않다.

재정적으로 독립하려면 단호하고 용의주도한 생활 방식이 필요하다. 지출을 철저하게 관리해야 하며, 어떠한 경우에도 신용카드 부채는 피해야 한다. 이처럼 확고한 원칙이 없다면 재정적 자립은 처음부터, 혹은 불가능하지는 않더라도 매우 어려워질 수 있다. 단순히 돈을 어떻게 쓰느냐가 중요한 것이 아니다.

재정적 자립을 이루려면 여러 해에 걸쳐 수입을 점차 올리는 것부터 시작해야 한다. 그리고 그 수입으로 저축 및 투자하면서 지출을 관리해야 한다. 복권에 당첨되거나 뜻밖의 횡재를 하지 않는 이상 단시간에 재정적 자립에 도달하는 사람은 거의 없다. 오랜 시간 동안 집중하고 전념해야 한다. 말은 쉬워도 금방 이루어지는 것이 아니다.

살면서 일찌감치 재정적 자립을 꿈꾼다면 먼저 수입을 늘리는 것이 급선무다. 특히 신용카드 같은 고금리 부채가 있다면, 그것부터 최우선으로 청산해야 한다. 하지만 수입을 늘리고 악성 부채를 청산하는 방법은 제1부에서 상세하게 살펴보았으니, 그 이야기는 이미 마무리한 셈이다. 지금부터는 앞의 질문에 대한 두 가지 해답과 그 원리를 정확하게 설명하도록 하겠다.

제11장

부의 공식

이 장은 어렸을 적 아쉬웠던 나의 수학 실력을 돌아보는 것으로 시작한다. 나는 수학에 약했다. 학교에서 대수학 성적이 중위권이었더라도 반에서 가장 행복한 학생이었을 것이다. 하지만 수학 전공자가 아니더라도 부의 원리는 얼마든지 이해할 수 있다.

이 장에서는 부의 원리를 설명한다. 재정적 자유에 도달하기 전까지 얼마나 많은 돈이 필요한지 이해하는 것은 당신에게 명확한 표적을 제시한다는 점에서 매우 중요하다. 따라서 그에 대한 계산법을 이해해야 한다. 이는 어렵지 않으니 지레 겁먹을 필요는 없다.

하지만 그 전에 순자산의 주요 요소부터 살펴볼 필요가 있다. 순자산은 자산에서 부채를 뺀 값이다. 이렇게 단순한 계산으로 얻은 수치가 곧 당신이 지닌 재정적 '가치'가 된다.

순자산을 구하려면 저축과 투자, 현금, 부동산, 차, 주택 지분 등 모든 자산을 더하면 된다. 그다음 그 값에 담보대출 잔액과 부채, 신용카드 지출, 기타 대출과 금융 채무 등을 모두 뺀다. 이 과정을 다음과 같은 수식으로 나타낼 수 있다.

자산(asset) − 부채(liabilities) = 순자산(net worth)

자산보다 부채가 많으면 순자산이 음수로 나타나기도 한다. 예컨대 자산이 75,000달러라도 부채가 100,000달러라면 순자산은 −25,000달러가 된다. 이는 분명 우리가 바라던 바는 아니다. 우리는 순자산이 양수이기를 바란다. 그리고 가능하면 양수에서도 최대한 많은 값이 나오기를 원한다.

그렇더라도 오늘 당장 당신의 순자산을 알아야 할 필요는 없다. 하지만 재정적 자유의 시점에 도달하기 위해서는 먼저 그 수치부터 파악해야 한다.

누군가는 어디라도 반드시 살아야 할 집이 필요하다며 주 거주지를 순자산에 포함하지 않기도 한다. 주 거주지를 매각하여 얻은 자금을 어차피 다른 거주지에 다시 지출할 가능성이 크기 때문이다. 주택 매각대금은 어차피 보유할 수 있는 돈이 아니므로 순자산에 포함해서는 안 된다는 논리다.

그러나 그 생각은 옳지 않다. 주택의 지분도 자산이라는 사실을 기억하자. 주택 매각대금을 다른 주택 구매에 사용할 수 있는 것도 사실이다. 하지만 당신의 주택 지분은 기본적으로 비유동성 자산에 해당한다.

당신의 목표를 예측하는 계산법

투자를 통해 모든 생계비를 지출할 정도의 자본이득을 얻는다면, 이제 당신은 재정적 자립을 이루었다고 말할 수 있다. 다시 말하면 근로소득 없이 투자수익만으로도 생활이 가능하다는 뜻이다.

예를 들어 연간 지출이 80,000달러라고 가정하자. 그렇다면 그만큼의 생활 방식을 자본이득과 기타 투자수익으로 유지할 수 있어야 한다. 이는 곧 투자에서 연간 최소 수익이 80,000달러 이상이어야 생활이 가능하다는 얘기이다.

이제 계산을 해 보자. 대부분 재정적 자립이 완성된 예상 시기를 가늠하는 계산법은 두 가지가 있다. 이들 계산법은 트리니티 연구(Trinity study) 덕분에 무척 단순해졌다. 그렇다면 그 연구의 내용은 과연 무엇일까?

트리니티 연구는 1998년, 트리니티 대학교 교수 세 명이 발표한 연구 논문이다. 이 연구는 30년 동안 은퇴 포트폴리오에서 연간 인출 비율의 지속성을 다룬 저명한 은퇴 시뮬레이션이다.[32] 다시 말하면 해당 연구의 목적은 은퇴자가 자금이 고갈되지 않는 수준에서 기존의 생활 수준을 유지할 수 있는 안전한 인출 비율을 밝히는 데 있었다.

연구에서는 3%에서 12%에 이르기까지 다양한 인출 비율을 설정하였다. 그리고 30년 주기로 역사상 주식시장 수익률에 따른 성공률 또한 확인한 바 있다. 여기에는 1929년의 대공황도 포함되었다.

연구 결과, 트리니티 연구진은 균형적인 주식과 채권 포트폴리오를 전제

---

32 "Trinity Study." Wikipedia. https://en.wikipedia.org/wiki/Trinity_Study.

로 30년의 은퇴 기간 동안 4%의 인출 비율이 일반적으로 지속 가능한 비율임을 밝혀냈다. 즉 은퇴자는 은퇴 시 초기 은퇴 포트폴리오 잔고에서 4%를 인출할 수 있다. 또한 매년 인플레이션을 감안하여 그 비율을 조정해야 전체 은퇴 기간 동안 잔고가 고갈될 위험을 줄일 수 있다는 의미이다.

이상의 내용에 따라 트리니티 연구는 은퇴 계획의 기준으로서 널리 인용되었으며, 재무설계자와 은퇴자가 은퇴 수입 계획을 수립하는 데에도 많은 영향을 미쳤다. 이러한 트리니티 연구의 '4% 법칙'을 활용하는 계산법에는 두 가지가 있다.

방법 1

현재 순자산에 0.04를 곱한다. 이는 연간 지출 가능한 금액이 얼마인지를 확인할 수 있는 계산법이다.

방법 2

연간 지출액에 25를 곱한다. 이는 재정적 자립을 이루기까지 필요한 돈이 얼마인지를 확인할 수 있는 계산법이다.

두 계산법 모두 관점만 다를 뿐 결과는 동일하다. 두 방법 가운데 무엇을 선택할지는 계산의 기준이 되는 수치와 기존의 순자산, 연간 지출액의 규모에 달렸다. 그 예로 순자산이 500,000달러라고 가정하자. '방법 1'을 적용하면 은퇴 후에 연간 20,000달러만 지출할 수 있다. 이에 대한 계산 과정은 다음과 같다.

$$500,000 \times 0.04 = 20,000$$

산업화가 완료된 시대를 살아가는 사람들에게 연간 20,000달러는 생활을 유지하기에 턱없이 부족한 금액이다. 따라서 해당 금액은 아직 재정적 자립을 이루지 못한 상태임을 나타낸다.

반면 순자산이 100만 달러라면 얘기는 달라진다. 100만 달러라면 연간 40,000달러의 지출이 가능하다. 물론 여전히 적은 금액이기는 하다. 그러나 생활 물가가 낮은 일부 지역에서는 저비용으로도 생활 유지가 가능하므로 그러한 지역에 한하여 재정적 자립이 가능하다. 다시 말하면 캔자스의 작은 마을에서는 재정적 자립이 가능하더라도 뉴욕시에서는 불가능하다. 이 계산법에서는 지역과 생활 방식에 따른 생활비가 중요한 요소로 작용한다.

이제 다른 계산법도 살펴보기로 하자. 이 계산법은 재정적 자립을 이루기까지 필요한 금액을 결정하기 위해 연간 지출액에서 시작한다.

예컨대 연간 지출이 78,000달러라고 가정하자. 여기에는 담보대출 또는 임대료, 공과금, 의류비, 통신비 등 모든 지출이 포함된다. 계산 과정은 다음과 같다.

$$78,000 \times 25 = 1,950,000$$

위와 같이 트리니티 연구의 4% 법칙을 적용하면 78,000달러의 연간 지출을 유지하면서 재정적으로 독립하려면 거의 200만 달러가 필요하다. 이 수치는 다음과 같이 재정적 자립을 이루기 위해 고려할 만한 시사점을 제공한다.

첫째, 재정적 자립은 순자산과 생계비로 결정된다. 이는 두 사람의 순자산이 동일하더라도 거주 지역의 생활비 수준에 따라 재정적 자립을 누릴 수도, 그렇지 못할 수도 있다는 의미이다.

둘째, 재정적으로 독립이 전부는 아니다. 빠른 퇴사도 포함되어 있음을 기억하자. 우리의 목표는 재정적 자립을 달성한 후에 직장을 계속 다니는 것이 아닌, '조기 은퇴'까지를 전제로 삼는다. 직장을 그만두고 여생을 투자수익으로만 살아갈 수 있을 때, 드디어 축하받을 수 있다. 그러나 다음과 같은 질문을 던지는 사람도 있을 것이다.

"스티브, 재정적으로 독립했는데 은퇴하지 않을 이유가 있나요?"

좋은 질문이다. 그리고 이 질문과 같이 좋은 대답도 있다. 조기 은퇴가 모두에게 맞는 것은 아니다. 실제로 어떤 이에게는 치명적인 선택이 될 수도 있다. 조기 은퇴가 정답이 아닌 이유에 대해서는 다음 장에서 설명하도록 하겠다. 그리고 당장은 조기 은퇴가 자신에게 필요하다고 여기며, 최대한 빨리 일터에서 벗어나고 싶은 상황을 생각해 보도록 하자.

나는 트리니티 연구를 활용하여 조기 은퇴와 관련하여 간략히 계산하는 것을 좋아한다. 하지만 이 연구에 내재한 한계도 있음을 기억해야 한다. 트리니티 연구의 한계는 다음과 같다.

과거 데이터 기반의 편향성

"과거의 성과가 미래의 결과를 보장하지는 않는다.(past performance does not guarantee future results)"라는 말은 트리니티 연구도 예외는 아니다. 경제 상황과 시장 동향은 끊임없이 변화하며 인출 비율의 지속가능성에 영향을 미치기 때문이다.

제한적인 기한

요즘 사람들의 기대수명은 남성의 경우 평균 75세, 여성은 80세 정도로 30년 전보다 길어졌다. 이 연구는 은퇴 후 30년을 기준으로 하여 인출 비율을 산출한 것으로, 그 이상의 기간을 예상하는 사람들에게는 충분치 않을 수 있다.

지나치게 단순한 가정

이 연구는 고정 인출 비율 및 주식과 채권을 절반씩 배분한 자산을 가정한다. 여기에 은퇴자의 개인적 양상과 시장 상황 외에 여러 기타 요인을 바탕으로 인출 비율과 자산 배분, 위험 허용도 등에 따른 조정을 요구하기도 한다.

세금과 수수료를 제외한 분석

이 연구에서는 인출률의 지속가능성에 지대한 영향을 미칠 수 있는 세금, 수수료율, 거래 비용, 관리 수수료 등을 고려하지 않았다. 이는 일반적으로 수수료가 적은 수동적 투자가 능동적 투자보다 유리하다는 근거가 된다.

균일하지 못한 표본

이 연구는 연간 소비가 고정적인 미국 가정이라는 단일한 은퇴자 표본만을 사용했다. 따라서 다른 곳에서 생활하는 유형의 가정에는 적용하기 어려울 수 있다.

위의 한계에도 트리니티 연구의 4% 법칙은 직장을 그만두고 해변에서 칵테일을 홀짝거리며 살기 위해 얼마의 돈을 모아야 하는지 알려 주는 확실한 출발점이라는 사실에는 변함이 없다.

재정적 자립은 영원하지 않다

외람되지만 찬물을 끼얹는 말을 잠시 하려 한다. 재정적으로 자유로워졌다고 해서 모든 일이 끝난 것은 아니다. 지출이 늘어나거나 투자수익이 감소하면 재정적 자립 상태에서 이탈할 수도 있기 때문이다. 물론 이러한 상황만큼은 무슨 수를 써서라도 피해야 한다. 다행히 재정적 자립에서 이탈하지 않도록 도와줄 몇 가지 기법이 있다.

첫째, 연마다 지출 예산을 다시 계산한다. 아내와 나는 매년 트리니티 계산법을 통해 지출 예산을 잘 지키고 있는지 재차 확인한다. 필요할 때는 예상 지출보다 늘어나지 않도록 지출을 조정한다.

예를 들어 주식시장이 상승할 때는 지출을 조금 늘릴 수 있고, 반대로 하락할 때는 줄일 수도 있다. 조기 은퇴 후 7년을 보낸 우리는 매년 지출할 수 있는 금액을 잘 파악하고 있다. 이는 누구라도 얼마든지 할 수 있는 일이다.

둘째, 지출이 생각보다 많지는 않은지 확인한다. 재정적 자유에 도달한 후로는 '자유 상태'에 집중하면서 이를 주기적으로 재확인해야 한다. 매달 지출 예산을 관리하면 초과 지출이나 뜻밖의 지출을 관리하는 데 도움이 된다. 특정 범주에서 예상보다 많은 지출이 발생하더라도 괜찮다. 그 이유를 파악하여 적절히 조정하면 된다.

셋째, 열린 자세로 소통한다. 돈과 관련하여 배우자와 소통하는 것이 중요하다. 항상 쉽지 않더라도 재정 목표와 지출 대상, 전체적인 행복도 등을 배우자와 터놓고 이야기함으로써 생각을 공유할 수 있다.

당신과 배우자 사이의 열린 소통을 유지하기 위한 아이디어가 궁금하다면 제16장을 읽어 보기 바란다.

제12장

건강에서 내 돈 지키는 법

조기 은퇴가 적합하다고 판단했다면, 그다음으로 가장 큰 문제는 바로 의료비이다. 말하자면 이는 결국 "적정 비용의 의료 해법이 있는가?"라는 질문과 같다. 전통적으로 부자들이 일찍 은퇴하지 않는 중요한 이유가 바로 의료 문제이다. 특히 자녀가 있다면 더더욱 그러한데, 자녀가 있으면 의료 문제가 더 복잡하고 비싸지기 때문이다.

안타깝지만 현재 미국에서 적정 비용에 고품질의 의료 서비스는 고용과 연계되어 있다. 그리고 조기 은퇴자는 대부분 공공건강보험인 메디케어(Medicare)[33]에 가입할 정도로 나이가 많지 않다. 따라서 그들에게 건강보험이라는 선택지는 제한적인 편이다. 그러나 이 책을 읽고 있는 사람들은 은퇴 후 의료 문제에 대한 숨은 진실을 알게 될 것이다. 구체적으로 건강보험

---

33 65세 이상의 고령자를 대상으로 한 미국의 의료 보장 제도.

이 얼마든지 가능하며, 전혀 어렵지 않다는 사실 말이다.

조기 은퇴자는 건강보험개혁법(Affordable Care Acts, ACA)[34]에서 규정한 건강보험 시장을 통해 자신의 건강 상황에 맞추어 적정 수준의 보험에 쉽게 가입할 수 있다. 그런데 조기 은퇴자들이 찾는 의료 보장 방안은 건강보험개혁법뿐만은 아니다. 따라서 이 장에서는 건강보험이 아닌 건강 관리 대안을 포함하여 은퇴 후의 건강 관리 방안에는 어떠한 것이 있는지 살펴본다.

헬스셰어(Healthshare)

헬스셰어 프로그램은 엄밀히 말해 건강보험은 아니다. 하지만 건강보험과 비슷한 방식으로 운영된다. '의료비 사역[35]' 또는 '의료비 분담' 프로그램으로도 불리는 헬스셰어는 가입자들이 의료비를 분담하는 일반 건강보험의 대안이 되어 준다.

헬스셰어 가입자는 일반 건강보험료와 비슷하게 매달 회비를 납부한다. 이 회비는 공제 대상 의료 서비스를 이용하는 회원의 의료비를 부담하는 데 사용된다. 이는 '비분담금'을 제외한 금액으로 충당한다. 여기에서 비분담금은 헬스셰어에서 환급하기 이전에 회원이 먼저 지불해야 하는 금액이다. 건강보험의 본인부담금과 유사하다.

치료나 서비스를 받은 뒤라면 의료비를 환급받기 위해 헬스셰어 기관에 의료비 청구서를 제출한다. 제출이 완료되면 헬스셰어에서 비용의 적격 여부를 검증한 후 공제 대상 의료비에 한정하여 회원에게 의료비를 환급한다.

---

34 버락 오바마 대통령이 주도한 미국의 의료보험 시스템 개혁 법안으로, 일명 '오바마 케어'로도 불린다.
35 'Healthcare ministry'로, 종교적 가치를 공유하는 의료비 분담 공동체 형태로 운영되는 프로그램이다.

환급금은 달마다 전체 회원이 쌓은 공동기금에서 지급한다.

일부 병원은 헬스셰어 기관과 직접 연계하는 형태로 운영되지만, 그렇지 않은 병원도 있다. 이러한 유형의 병원에서는 회원을 현금 지급 환자로 간주한다. 믿기지 않겠지만, 일부 병원에서는 해당 환자에게 할인 혜택을 제공한다.

또한 헬스셰어 기관은 보험회사가 아니다. 따라서 보험회사와 유사한 규제를 받지 않는다는 점도 명심해야 한다. 한편 종교 기반의 헬스셰어 단체에서는 회원에게 종교적 신념이나 생활 방식을 따르도록 요구할 수도 있다.

그리고 헬스셰어는 일반 보험회사와 다르게 보험금 지급을 보장하지 않거나, 보상에 관하여 동일한 법적 의무를 지니지 않는다. 예를 들어 헬스셰어는 기저질환을 지닌 환자의 가입을 거부하기도 한다. 또는 흡연 또는 스카이다이빙 사고 같은 그릇된 습관이나 무모한 행동으로 발생한 질병 및 사고에 관련된 지원을 거절할 수도 있다.

아울러 각 헬스셰어 기관마다 자체 지침과 자격 기준, 보상 범위 등이 다를 수 있다. 그러므로 헬스셰어 가입을 고려하는 사람은 가입하기 전에 약관과 조건부터 면밀하게 검토해야 한다.

헬스셰어의 장점은 전통적인 건강 관리 방식보다 비용이 훨씬 적게 든다는 데 있다. 그러나 건강보험사와 같은 법적 규제를 받지 않으므로 기관의 재량에 따라 운영되기도 한다. 즉 헬스셰어는 저렴하지만, 몇 가지 큰 단점도 있다. 헬스셰어의 장단점은 다음과 같이 정리할 수 있다.

장점	단점
• **비용**: 일반 건강보험보다 저렴한 합리적 의료보상 체계로, 조기 은퇴자도 쉽게 접근할 수 있다. • **'비계약 의료기관' 제약 없음**: 가입자는 건강보험에서 흔한 비계약 의료기관의 제약 없이 어느 기관이든 이용할 수 있다. • **신앙 기반**: 신앙생활을 하는 사람의 경우, 같은 신념을 소유한 구성원과 비용을 분담하며 가치를 공유한다는 느낌을 줄 수 있다.	• **비보험**: 보험과 동일하지 않으며, 일반 건강보험과 동일한 규정과 법규의 적용을 받지 않는다. • **기저질환**: 기저질환자나 기관의 신앙적 가치에 부합하지 않는 특정 치료를 받는 회원을 지원하지 않기도 한다. • **별도의 활동 요구**: 병원과 연계하지 않는 경우, 회원이 청구서를 직접 헬스셰어 기관에 직접 제출해야 한다. • **본인부담금**: 병원과 직접 연계하지 않는 경우, 회원이 먼저 의료비를 부담하고, 지불 영수증을 헬스셰어 기관에 청구하여 시기 적절하게 환급받아야 한다.

우리 부부도 초기에는 헬스셰어 프로그램으로 시작했다. 시간이 지나고 건강보험개혁법 시행으로 건강보험 시장이 형성되면서 일반 건강보험으로 바꾸었다. 뒤에서 자세히 설명하겠지만 보조금 덕에 의료비를 획기적으로 줄일 수 있었다. 보조금은 조기 은퇴자가 합리적인 의료 서비스 대안을 쉽게 찾을 수 있도록 돕는다.

일반 건강보험

건강보험개혁법 시행에 따른 건강보험 시장 덕에 일반 건강보험이 은퇴자에게도 훨씬 저렴해졌다. 일반 건강보험은 보조금, 즉 보험료 세액공제가 순자산이 많더라도 수입이 적은 대다수의 조기 은퇴자에게 제공되는 환급형 세액공제 방식이기 때문이다. 이에 따라 매달 수백 달러의 건강 보험료를 절감할 수 있다. 보험료 세액공제 혜택을 받기 위해서는 다음과 같은 요건을 충족해야 한다.

- 미국 시민권자 또는 합법적 영주권자
- 연방 빈곤 수준을 기준으로 400% 미만의 소득자
- 직장에서 제공하는 건강보험 자격 요건에 해당하지 않는 자
- 메디케어나 메디케이드 자격 요건에 해당하지 않는 자

위에서 확인된 바와 같이 순자산은 자격 요건에 포함되지 않는다. 다시 말해 순자산이 200만 달러인 조기 은퇴자도 급여를 받지 않으므로 저소득자 보조금 수혜 대상자의 자격이 주어진다. 다만 보조금의 정확한 보장 한도는 수시로 달라진다. 따라서 보조금과 보험료 세액공제에 관한 최신 요건 및 한도는 'health.gov'에서 확인할 수 있다.

기저질환자 또한 일반 건강보험에 가입하는 편이 더 낫다. 헬스셰어는 일반 건강보험사와 동일한 규정과 법규의 적용을 받지 않기 때문에 기저질환을 보장할 필요가 없다. 곧 비용 절감을 위해 여러 기관에서 기저질환까지 보장하지 않으려 하는 것이다.

건강보험에 가입하려는 사람은 연례 공개 등록 기간에 'healthcare.gov'에서 가입할 수 있다. 일부 주에서는 자체 웹사이트를 운영하고 있다.

포괄예산조정법(COBRA)

포괄예산조정법(Consolidated Omnibus Budget Reconciliation Act, 이하 COBRA)은 은퇴한 이후에도 일정 기간 동안 고용주의 건강보험 자격을 유지할 수 있는 방법이다. COBRA를 통해 일반적으로 18개월 동안 건강보험 자격

을 유지할 수 있으며, 실직이나 결혼 또는 이혼, 사망 등의 중대사가 발생한 뒤라면 연장도 가능하다.

COBRA 자격을 취득하려면 지난 12개월 가운데 최소 50주 이상 직장 건강보험에 가입되어 있어야 한다. 가입 이력은 연속적이지 않아도 된다. 그리고 다음과 같은 자격 취득 사건으로 보험 보장을 상실한 경우여야 한다.

- 자발적 또는 비자발적 실직
- 근무시간 감소
- 배우자의 실직
- 보장 대상자(피고용인)의 사망
- 이혼 또는 법적 별거
- 결혼
- 자녀의 출생 또는 입양
- 메디케어 또는 메디케이드 자격 상실

좋아 보이는가? 하지만 여기에도 맹점은 있다. 바로 직장 건강보험을 유지하기 위해 COBRA를 이용한다면 과거보다 훨씬 많은 비용이 든다는 것이다. 이는 직장에서 보조금을 더는 지급하지 않으므로, 관리 수수료 2%가 추가된 월 보험료를 전액 부담해야 한다. 따라서 COBRA는 단기 보장에 적합하다. 결론적으로 COBRA는 전 직장과 새 직장 사이의 간극을 메우는 데 유용하지만, 장기적인 건강보험 대안으로는 적합하지 않다.

메디케이드(Medicaid)

또 다른 선택지로는 미국 연방에서 지원하는 공공건강보험인 메디케이드가 있다. 메디케이드는 미국 대부분의 지역에서 연방 빈곤 수준의 138% 이하에 해당하는 저소득자들에게 적용된다.

메디케이드의 의료보장 자격은 거주하는 주에 따라 다르다. 또한 건강보험개혁법 시행 이후, 해당 주에서의 보장 범위 확대 여부에 따라서도 달라진다. 예컨대 메디케이드 수혜 자격을 가계 소득만으로 판단하는 주가 있는가 하면, 장애 등급 및 가족 규모까지 고려하는 주도 있다.

메디케이드 수혜 여부는 젊은 은퇴자에게 그리 일반적이지 않다. 하지만 거주하는 주에서 제시하는 자격 요건에 부합한다면 이 또한 대안이 될 수 있다.

보험 없이는 절약도 없다

2019년 1월, 미국에는 건강보험에 관한 연방 정부에서의 지시는 별도로 존재하지 않는다. 그러나 캘리포니아, 뉴저지, 매사추세츠, 로드아일랜드, 버몬트 등 일부 주에서는 건강보험 가입을 요구한다. 바꾸어 말하면 이들 주에 거주하지 않는다면 굳이 건강보험에 가입할 필요가 없다는 것이다.

언뜻 보기에는 돈을 절약할 수 있을 듯하지만, 이는 대단히 위험한 생각이다. 건강보험이 없다면 의료비 전액을 스스로 감당해야 한다. 병원에 하루 입원하면서 어떠한 처치를 받느냐에 따라 의료비가 10,000달러를 훌쩍

넘을 수도 있다.

    교통사고로 병원으로 급히 이송되는 경우, 단거리 비행이라도 수천 달러가 추가된다. 실제로 어느 부부는 콜로라도주에서 노스캐롤라이나주까지 항공기를 이용하여 약 500,000달러를 지불한 적이 있다.[36] 건강보험이 없으면 이 모두를 현금으로 지불해야 한다.

    아무리 건강한 사람이라도 헬스셰어나 일반 건강보험 또는 메디케이드 가운데 뭐라도 가입할 것을 권한다. 예상치 못하게 청구된 의료비는 결코 적지 않으며, 이를 보험도 없이 감당한다면 큰 빚을 질 수도 있다. 부채를 지지 않거나, 부채에서 벗어나 부자가 되기까지가 얼마나 어려운지 제10장에서 설명한 내용을 다시 한 번 상기하기 바란다.

---

36   Berlin, S. "Bill for Hospital Helicopter Ride Spark Anger." Newsweek(2022). https://www.newsweek.com/bill-hospital-helicopter-ride-sparks-anger-1730580.

제13장

당신만의 재정 목표 완성하기

    우리의 목표는 재정적 자립에 이르는 과정 또는 그 이후에 선택할 수 있는 생활 방식의 폭이 광범위하다는 사실을 보여 준다. 서문에서 소개한 바와 같이 조기 은퇴를 이루고 나서 우리 부부처럼 집을 팔고 에어스트림 RV를 사야 하는 건 아니다. 우리 두 사람은 전국을 다니며 모험을 즐기고 싶어 했지만, 모두의 생각이 우리와 같을 수는 없다.

    조기 은퇴 후에 선택할 수 있는 생활 방식은 매우 다양하다. 게다가 사람들은 줄임말을 좋아하는데, 재정적 자립을 이룬 이들의 다양한 생활 방식에 걸맞으면서 재미있는 줄임말로 지칭하기도 한다. 그중 몇 개는 꽤나 재미있다. 다음을 통해 생활 방식에 따른 대표 사례를 몇 가지 살펴보도록 하자.

일반형

　일반형은 이름 그대로 가장 흔한 유형이다. 이 유형에 속하는 사람들의 생활 방식에서는 일반적으로 연간 41,000~99,000달러 정도를 지출한다.
　일반형은 자금의 대부분을 주식시장과 부동산 등 다양한 곳에 투자한다. 이들은 안락한 삶을 누리지만 사치스럽게 생활하지는 않는다. 다만 그들도 가끔 호화로운 휴가나 크루즈 여행 등을 계획할 수는 있다. 그러나 신용카드나 하우스 해킹(House hacking)[37] 등으로 해외여행 경비를 대폭 절감하지 않는 한, 해마다 호화로운 해외여행을 떠나지는 않는다.
　일반형의 생계비는 평균적인 수준에 속한다. 사실 은퇴 후의 생활 방식이 일하는 시간을 제외하고 직장을 다닐 때와 크게 다르지 않을 수도 있다. 그러니 지출에도 큰 변화가 없으며, 다수의 조기 은퇴자가 이 유형에 속한다.
　해당 유형에서는 이어지는 두 유형과 마찬가지로 주로 고소득 직종에서 수십 년을 일한 사람들이 일반적이다. 그들은 지속적인 급여 인상 및 승진과 함께 적극적인 저축과 투자로 재산을 축적하였다. 이 과정에서 고가의 지출은 대부분 노후로 미루는 것도 일반형의 특징이다.

37　보유 주택을 임대하여 대출금을 갚거나 수익을 창출하는 방식을 뜻한다.

절약형

절약형은 최대한 빨리 은퇴하고 싶어 하지만, 정작 은퇴 후에 많은 돈을 지출하는 것에 관심이 없는 사람들이다. 이들은 연간 지출이 40,000달러 이내인 경우가 많다. 이 정도의 지출이라면 현재 미국의 여러 지역에서 생활하는 것이 가능한 수준이다. 물론 생활 물가가 비싼 주요 대도시를 제외하고 말이다.

절약형은 지출을 철저히 통제한다. 잦은 외식과 호화로운 휴가는 물론, 휴대전화를 해마다 교체하거나 새 차를 자주 사는 법이 없다. 또 최대한 빠른 퇴사 및 은퇴를 위한 재산을 형성할 목적으로 고소득 직종에 종사하는 경향이 있다.

화요일 오전 10시에 쇼핑을 하고, 한낮에는 공원에서 러닝을 하며, 오늘이 무슨 요일인지 잘 모르는 등 절약형은 보통 사람보다 인생을 더 즐기는 듯이 보인다. 하지만 이들이 조기 은퇴자인지는 딱히 알 방법이 없다.

소비형

조기 은퇴 후에 해마다 100,000달러 이상을 지출하기를 원하는 사람이 소비형에 속한다. 소비형은 중상위층의 생활 방식을 지향하며, 절약형보다 많은 지출이 특징이다.

트리니티 계산법에 따르면 소비형이 연간 100,000달러를 지출하려면 약 250만 달러의 순자산이 필요하다. 이 유형에 속하는 사람은 초호화 생활을 영위하기 위해 일반적으로 고소득 직종에 종사하거나, 오랫동안 일할 의향을 지니고 있다. 물론 둘 다일 수도 있다.

해당 유형에는 의사, 소프트웨어 엔지니어, 변호사 등 고소득 직종에서 오랫동안 일한 사람들이 속한다. 또한 은퇴 후에도 호화로운 생활을 포기하기를 원치 않는 사람이 소비형의 주류를 이룬다. 그들은 은퇴 이후에도 여행과 외식, 오락, 생활 물가가 비싼 지역에서의 삶 등 기존의 생활 방식을 크게 희생할 필요가 없다.

잠재형

잠재형은 주로 고소득과 관련하여 힘든 직장에서 스트레스를 받지 않고, 좋아하는 일을 계속하는 독특한 접근법을 지닌 유형이다. 이러한 접근법은 조기 은퇴보다 재정적 자립에 중점을 둔다. 그리고 재정적 자립과 개인적 성취감 사이의 균형을 중시한다. 이 유형의 경우 재정적 자유에 일찍 도달하지는 못하더라도 수십 년 동안의 업무 스트레스를 감당할 필요가 없다.

잠재형은 커리어 초기부터 고소득 직종에 종사하며, 급여의 거의 반 이상을 적극적으로 투자하는 등 수입을 우선적으로 배분한다. 그렇게 목표 순자산 수준에 도달하면 기존의 힘든 직장을 그만둔다. 그리고 급여가 낮더라도 스트레스가 덜한 새 직장에서 생활하면서 기존의 투자가 목표한 은퇴 시점을 향해 '순항'하도록 한다.

　예를 들어 재정적 자립을 이루기까지 100만 달러가 필요하다고 가정해 보자. 잠재형이라면 고소득 직종에서 몇 년을 일하며 급여 인상과 승진을 반복하며 수입을 계속 늘릴 것이다. 이 시기에는 매주 이어지던 술 약속과 영화 관람, 새 자동차, 경비가 많이 드는 휴가 등 오락과 관련된 비용을 아끼기 위해 사회생활을 일부 희생할 수도 있다. 현재보다는 미래를 우선하여 열심히 저축하고 투자하는 시기이기 때문이다.

　그렇게 10년 동안 600,000달러를 모았다. 이 시점부터는 가속 페달에서 발을 떼고, 조금 더 흥미로우며 스트레스도 덜한 일을 찾기 시작한다. 연간 150,000달러를 벌며 최대한 많은 돈을 투자하는 대신, 새 직장에서 70,000달러만 벌면서 투자를 중단할 수 있다. 하지만 그 돈으로 생활하는 사이, 그동안 모아 둔 자금은 시장에서 해가 갈수록 성장한다. 이후부터는 휴가를 더 자주 가고, 사회적인 지출도 더 많아질 것이다.

　이상과 같이 잠재형은 은퇴를 대비한 저축과 투자에 대한 걱정 없이도 원하는 직종에서 더욱 평범한 삶을 살아갈 것이다. 과거부터 마련한 자금이 쑥쑥 자라고 있기 때문이다.

바리스타형

　바리스타형은 잠재형과 매우 유사하면서도 한 가지 큰 차이가 있다. 잠재형은 일하면서 얻은 수입을 우선적으로 투자한다. 그리고 그 투자금이 시장에서 점점 증식하면서 더 여유로운 삶의 발판으로 만든다. 그러나 이러한 전략으로는 재정적 자립을 일찍 이루기 어렵다.

반면 바리스타형은 이미 카페의 바리스타와 같이 재정적 자립을 이루었다. 그러나 저렴한 비용의 건강보험 등 정책 수혜를 목적으로 파트타임 직업을 유지한다. 파트 타임으로 일하면 연간 20,000~30,000달러 정도의 부수입을 얻을 수 있다. 그들에게 수입은 굳이 필요하지는 않지만, 있으면 당연히 좋은 것이다.

또한 바리스타형은 파트 타임 수입을 보충하기 위해 달마다 투자금에서 소액을 인출하기도 한다. 이 전략은 은퇴 상황에서 생활을 유지하기 위해 투자금의 일부를 인출하는 것보다 파트 타임 직업으로 얻는 이점이 훨씬 큼을 전제한다.

이 유형은 조기 은퇴라는 웅덩이에 머리부터 뛰어드는 대신 발부터 먼저 담그는 것과 같다. 물론 순자산의 관점에서 보면 은퇴한 상태와 다르지 않다. 다만 파트 타임으로 일함으로써 정책 수혜를 유지하여 더 멋지고 안락한 생활을 이어갈 수 있다.

혼합형

혼합형은 이른바 '원하는 대로' 유형이다. 이 유형에서는 대부분 자신의 생활양식과 위험 허용도에 맞게 다양한 유형을 적절히 조합하여 자신만의 삶을 추구한다.

예를 들어 은퇴를 위해 순자산의 절반에 도달할 때까지 열심히 일하며 적극적으로 저축하는 사람이 있다. 이제 그는 잠재형으로 눈을 돌려 투자금을 증식시키면서 스트레스가 덜한 직종에 재취업하여 생계비를 충당한다.

그렇게 재정적 자립을 이루고 나면 바리스타형으로 전환한다. 그리고 스트레스를 덜 받으면서 필요한 정책 수혜가 가능한 파트 타임으로 일한다. 이 과정에서 엄밀히 따지자면 없어도 딱히 아쉽지는 않지만, 어쨌든 있으면 좋은 부가 수입을 얻으며 생활한다.

어느 한 가지 유형에 목을 맬 필요는 없다. 먼저 자신과 가족에게 가장 적합한 유형을 찾고, 상황의 변화에 따라 유형을 전환할 수 있는 열린 마음가짐이 중요하다. 조기 은퇴를 하면서 가장 놀라웠던 사실은 정규직으로 근무할 때는 알 수 없었던 다양한 기회가 주변에 널려 있었다는 점이다. 내가 이미 좋은 직업을 갖고 있으니 부가적인 수입이나 스트레스는 필요 없다며 그 기회를 알게 모르게 무시해 버린 것이다.

하지만 지금의 나를 생각해 보면, 지금 이 책을 쓰고 있다. 그리고 온라인 출판물에 기고하는 프리랜서 개인금융 작가이기도 하다. 또한 관심 있는 사람을 대상으로 소셜 미디어에서 성장 및 수익을 올리는 방법을 주제로 온라인 강의도 하고 있다.

정규직을 그만둔 뒤에도 돈을 벌 수 있으리라는 생각은 하지 못했다. 하지만 유연하게 대처하면서 기회가 다가올 때마다 잡다 보니 딱히 바라지 않았던 수입까지 얻게 되었다.

제14장

부정적인 인식을 버려라

이상하게도 부자를 지향하는 사람들에게 온갖 증오의 화살이 쏟아질 때가 있다. 나 역시 이를 경험한 적이 있다. 혼자 호의호식하려 한다는 둥, 게으르고 비생산적이며 사회를 좀먹는다는 둥 온갖 소리를 다 들었다. 그래도 그 정도의 비난은 이 책에 실어도 될 만큼 얌전한 편이다.

사람들은 부자가 되겠다는 발상과 이를 추구하는 사람에게 언제나 호의적이지 않다. 그것도 인간의 본성 아니던가. 일반적이지 않은 길을 개척하는 사람을 볼 때마다 인류는 최악의 결과를 상정하려는 경향이 있으니 말이다. 물론 타당한 비판도 일부 있기는 하다. 그러나 대부분은 질투심에서 비롯된 것이다.

부자가 되어 누릴 수 있는 자유를 거부하려는 사람은 극히 드물다. 하지만 모두가 그 자유를 쟁취할 수는 없다. 이에 이 장에서는 부자를 향한 그릇된 비판을 바로잡으려 한다.

여기에서 분명하게 밝힐 것이 있다. 나는 부자의 밝은 면만 부각한 채 부정적인 면을 외면하지 않고, 최대한 정직한 자세로 모든 것을 설명하도록 하겠다. 따라서 독자에게는 가장 현실적인 처방이 될 것이다. 혹시라도 이 책을 읽는 독자가 일찌감치 일을 그만두고 사무실 밖에서 자유와 모험의 삶을 추구하는 사람이라면, 부디 이 장의 나머지 부분을 잘 읽기 바란다.

"은퇴하면 더 이상 사회에 기여할 수 없잖아요."

정말 흥미로운 말이다. 이 말에는 지역사회에 기여하는 방법이 오로지 일을 통해서만 가능하다는 전제가 숨어 있다. 그러나 그 전제는 자체적인 문제를 안고 있다. 나는 오히려 그 반대를 주장하고자 한다.

정규직이 아니라면 사회에 환원하고 긍정적인 영향력을 발휘할 시간적 여유가 더 많아진다. 실제로 내가 아는 조기 은퇴자 가운데 지역 동물보호소에서 자원봉사를 하는 사람이 있다. 한편으로는 무료급식소에서 봉사하거나, 친구들의 이사를 돕고, 동네 아이들을 가르치며, 가족과 더 많은 시간을 보내는 사람도 있다. 이와 같이 정규직이 아니더라도 지역사회에 기여할 방법은 수도 없이 많다.

따라서 이 주장은 틀렸다. 조기 은퇴자는 정규직 종사자보다 사회에 환원할 시간이 더 많다. 그렇다고 조기 은퇴자가 모두 사회에 봉사하고 기여하는 데 시간을 쓰는 것은 아니다. 자신이 원한다면 그렇게 할 수 있는 시간과 에

너지가 있다는 뜻이다. 이것이 조기 은퇴의 핵심이다. 중요한 일을 하는 데 더 많은 시간을 쏟을 수 있다는 것이다.

"일찍 은퇴하면 심심하지 않을까요?"

이 주장은 어느 정도 사실에 바탕을 두고 있다. 다음 장에서 설명하겠지만, 은퇴 후에 할 일이 없다면 삶은 금방 지루해질 것이다. 예컨대 우리 대부분은 은퇴를 하기 싫은 일이나 견딜 수 없는 상사에게서 벗어나는 것으로 이해한다. 일반적으로 이것만큼은 분명하다.

하지만 그것만이 전부는 아니다. 정규직 업무로 하루하루를 채우다가 더는 그렇지 않게 되었을 때, 그 이후의 나날을 채워나가는 것은 당신에게 달려 있다. 물론 누군가에게는 간단한 일이겠지만, 다른 이에게는 정말 힘든 일일 수도 있다. 살면서 해야 할 일을 깨닫기 전까지는 주야장천 텔레비전 앞을 떠나지 못할 수도 있으니 목적의식이 필요하다.

대다수 사람에게는 직업이 목적의식의 역할을 한다. 그러나 은퇴를 했다면 삶의 목적을 다른 방식으로 찾을 필요가 있다. 직장을 그만둔 시점이라면 동네에서 봉사 활동을 하거나, 아니면 그때가 늘 쓰고 싶었던 책을 실제로 써야 할 때일 수도 있다.

개인적으로 정규직 직장생활에서 벗어났을 때 무엇을 할지 정해지지 않았다면, 되도록 일을 그만두지 말라고 권고한다. 물론 은퇴 후에 할 일을 아주 사소한 부분까지 구상할 필요는 없다. 하지만 시간을 채울 아이디어와 목적의식이 있다면 조기 은퇴 이후의 생활에 조금 더 쉽게 녹아들 수 있다.

"돈을 번다고요? 그럼 은퇴한 게 아니잖아요."

은퇴했음에도 좋아하는 일을 하며 돈을 번다면, 개인적으로 일명 '은퇴자 전담반'이라고 부르는 사람들의 공격에 대비하는 게 좋다.

은퇴자 전담반이란 금액과 상관없이 돈을 버는 부류야말로 진정한 은퇴자가 아니라고 비난하며 적대하는 사람들을 뜻한다. 그들은 은퇴 후에 돈을 벌면 은퇴한 게 아니라며 언성을 높인다. 나도 이러한 말을 여러 번 들었다. 내가 첫 전자책을 출간했을 때, 바로 소셜 미디어 댓글이 요동치기 시작했다.

"그럼 은퇴한 게 아니잖아…"
"돈도 많으면서 전자책은 왜 파는 거지?"
"은퇴가 아니라 직업을 바꾼 거 같은데."

은퇴자 전담반이 나를 어떻게 생각하든 그것은 중요치 않다. 은퇴 연령이 낮을수록 은퇴 후에도 돈을 벌 수 있는 일을 할 가능성이 높다. 오전 9시에서 오후 5시까지 일하는 직장을 그만두고 나면 돈을 벌 수 있는 기회가 의외로 많음에 놀랄 것이다. 시장성 있는 역량만 있다면, 사회는 언제나 당신을 원한다.

결국 은퇴를 어떻게 정의할지는 자신에게 달렸다. 목공예를 좋아하는 70대 노인이 이따금 원목 가구를 만들어 판매한다고 해서 기만자라고 비난할 사람이 있을까? 그런데 40대가 같은 일을 한다면 어디선가 은퇴자 전담반이 불쑥 나타나 그 가엾은 영혼에게 은유로 만들어진 수갑을 채우며, 거짓 은퇴를 했다고 비난할 것이다.

"잘못되면 원래 하던 일로 돌아갈 수도 없잖아요."

물론 그렇다. 맞는 말이다. 하지만 나는 그 일에서 탈출하려고 얼마나 애를 썼는데 그때로 되돌아가려 하겠는가? 애초에 나를 조기 은퇴로 몰아간 그 일로 다시 돌아가는 상황은 결코 바라지 않는다.

해당 주장의 요지는 사실이다. 직장을 벗어난 시간이 길어질수록 과거와 동일한 급여를 받으며 되돌아갈 가능성은 줄어든다는 사실이 그렇다. 산업 환경은 대부분 바뀌기 마련이기에 더욱 그렇다. 그리고 이력상 공백기는 최근 관련 업종에서 경력을 쌓은 지원자에 비해 불리하게 작용할 것이다.

또한 이 주장이 생각보다 중요하지 않은 이유가 하나 더 있다. 바로 뜻밖의 지출, 의료비, 경기침체 등으로 상황이 나빠지더라도 별수 없이 일터로 복귀하지는 않는다는 것이다. 그보다는 당장 무슨 일이 벌어지는지부터 파악하기 때문이다. 따라서 상황이 더 나빠지기 전에 집을 팔거나 생활 물가가 낮은 지역으로 이사하는 등 지출을 조절할 방법을 찾는다.

게다가 생계를 유지하기 위해 급여가 많아도 스트레스가 심한 일을 다시 시작할 이유는 없을 것이다. 어쨌거나 우리는 지출을 관리하면서 정규직 일자리의 이점을 최대한 살려 일찍 은퇴한 사람들 아니던가. 그 사람들은 돈을 벌고 저축하는 방법을 알고 있으며, 무에서 시작하는 것도 아니다. 그 대신 스트레스가 덜한 직종에서 일하며, 일상에서의 생활비를 충당하면서 투자금을 지속적으로 성장시킬 수 있는 잠재형을 선택할 수도 있다.

그래, 사람들 말이 옳다. 나도 다시는 예전과 같은 일터로 돌아가기 어려울 것이다. 하지만 괜찮다. 나 역시 그 일을 원치 않으니 말이다.

"지금 시장 상황에서 당신의 돈이 계속 남아 있을까요?"

강세 시장에서 주가가 치솟을 때는 조기 은퇴도 쉽다. 호황기에는 당신이 수확하는 자본이득에 대해 누구도 군소리를 꺼내지 않는다. 그러나 시장이 하락세로 돌아서면 혐오 세력이 어김없이 나타나면서 물어뜯을 태세를 갖춘다.

대다수 조기 및 일반 은퇴자가 가장 두려워하는 것은 바로 자금 고갈이다. 이는 누구에게나 최악의 시나리오이다. 그러나 데이터상으로는 오히려 그 반대의 일이 벌어지고 있다. 은퇴자 대부분이 지출을 잘 하지 않는 것으로 나타났기 때문이다.

미국 근로자복지연구소(Employee Benefit Research Institute, EBRI)의 최근 연구에 따르면 62~75세 은퇴자 중 약 75%는 은퇴 이후 자산이 그대로이거나, 기존보다 늘어난 것으로 나타났다.[38] 은퇴자는 대부분 은퇴 이후 자산을 보수적으로 운용하려는 경향이 있다. 이에 따라 자산이 감소하기보다 오히려 증가하는 양상을 보이기도 하는 것이다.

물론 은퇴했다고 돈을 흥청망청 쓰라는 말은 아니다. 여기에서 굳이 이러한 이야기를 꺼내는 이유는, 극히 드물더라도 최악의 시나리오가 일어날 수도 있음을 강조하기 위해서다.

2016년에 내가 일을 그만두자, 사람들은 내가 5년 안에 되돌아올 것이라고 말했다. 게다가 "100만 달러는 돈도 아니지 않나?"라는 말과 함께 겨우 100만 달러 남짓의 밑천이 언제까지 가겠냐는 비아냥까지 들었다. 하지만 7년이 지난 지금도 우리 부부는 잘 지내고 있다. 2022년과 2023년의 시장 하락과 침체에도 불구하고, 우리의 포트폴리오는 직장을 그만둔 7년 전보다 더욱 성장했다.

우리는 트리니티 계산법으로 조기 은퇴에 필요한 자금을 추정했고, 이 예상은 적중했다. 시장이 엎치락뒤치락해도 우리는 자금을 회복하는 방법을 알았다. 주식시장이 상승세라면 지출을 조금 늘리고, 하락세라면 줄일 수도 있다.

그렇다고 해서 무조건 시장을 따라서는 안 된다. 이 점이 중요하다. 즉 주가가 바닥을 쳤다고 곧장 매수하거나 올랐다고 무조건 매도하지 않아야 한다. 우리 부부는 2016년부터 투자를 시작했고, 2023년에는 약세장과 경기 침체의 우려가 가득했음에도 은퇴 이후의 순자산은 200,000달러 이상 증

---

38 "Retirees' Dilemma: Spend of Preserve?" EBRI(2021). https://www.ebri.orb/docs/default-source/fast-facts/ff.398.retireeprofiles.6may21.pdf?sfvrsn=abcd3a2f_6.

가했다.

하지만 현실적으로는 당신의 자금이 그대로 유지되지 않을 수도 있다. 시장이 폭락하거나, 몇 년간 엄청난 치료비가 드는 자동차 사고가 날 수도 있다. 이와 같은 일을 우리의 힘으로 통제할 방법은 없다. 우리에게 가능한 것은 뜻밖의 지출에 대비하여 비상금을 마련하고, 지출을 추적함으로써 과잉지출을 경계하며, 개인적·직업적 인맥을 유지하여 도움이 필요할 때 기댈 수 있는 좋은 친구를 만드는 것이다.

"그동안 공들인 시간을 모두 허비한 꼴이잖아요!"

이 주장은 지극히 개인적이다. 저마다 처한 상황과 교육 배경에 따라 완전히 다를 수 있다. 예컨대 의과대학을 졸업한 지 불과 10년 만에 은퇴한다면, 그동안 학교에 진 빚뿐 아니라 공부한 시간마저 허비한 것처럼 보일 수 있다. 하지만 그것이 시간 낭비였는지 아닌지는 전적으로 당사자에게 달렸다.

아내는 항공우주학 석사 학위가 있었다. 돈 좀 있다고 하면 쌍심지를 켜는 사람이야 아내가 조기 은퇴로 그동안 배운 지식과 경험을 허비했다고 생각할 것이다. 그러나 아내의 생각은 전혀 달랐다.

물론 아내는 학력을 이용하여 급여를 올리고 성공적으로 경력을 쌓았다. 그렇지만 항공우주학은 아내의 길이 아니었다. 우리가 일을 그만두고 에어스트림 RV로 세상을 돌아다니며 자유의 참맛을 느끼기 시작하자, 아내도 그 매력에 빠져들었다. 아내는 학위는 잊은 채 날마다 하고 싶은 일을 하는 자유를 만끽하면서 자신뿐 아니라 우리 부부에게 안성맞춤인 나날을 설계하며 전국을 여행하고 있다.

제15장

목적이 있는 삶을 계획하라

 조기 은퇴를 최고라 여기는 사람도 있는가 하면, 그렇지 않은 사람도 반드시 있는 법이다. 특히 몸이 허락할 때까지 일을 그만두면 안 되는 특별한 유형에 속하는 사람들도 있다. 이 장에서는 조기 은퇴와 관련하여 행복의 종형 곡선에 대해 살펴보고자 한다. 전형적인 종형 곡선의 형태는 다음과 같다.

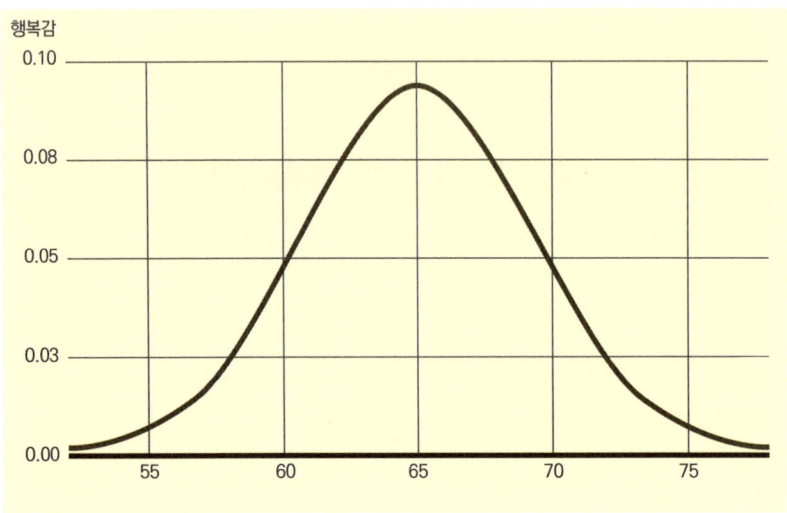

위의 종형 곡선이 일종의 연표라고 생각해 보자. 곡선의 시작 부분에서는 행복도가 상대적으로 낮다. 하고 싶지 않은 일을 하고 있어서 스트레스를 많이 받고 있으며, 과로하는 일도 잦은 편이다. 상사는 또 얼마나 얄미운지! 그렇게 현재가 행복하지 못하기에 일을 때려치운 뒤 남은 인생은 원하는 일을 하며 살기를 바란다. 말만 들어도 멋지지 않은가?

결국 회사를 그만두고 재정적 자립을 이룬다. 그러자 행복도가 왼편 곡선을 따라 마구 솟구친다. 그렇게 정상에 오른다. 알람시계는 이미 던져 버린 지 오래라 일어나고 싶을 때 일어난다. 그리고 옛날 사람들처럼 과자를 봉지째 먹으며 재미있는 텔레비전 프로그램에 빠져 있기도 한다. 그런가 하면 일요일 저녁에는 다음 날 아침에 잠을 자는 동안 출근할 친구를 놀리느라 여념이 없다.

이제야 사람 사는 기분이다!

그런데 무언가 이상한 일들이 일어나기 시작한다. 조기 은퇴 후 몇 주가 지나니 슬슬 좀이 쑤신다. 한동안 아침에 일어나 아무것도 하지 않는 것이 좋았다. 그러나 한편으로는 소파에 앉아 멍하니 TV만 쳐다보는 것보다는 무언가 할 일이 있어야겠다는 생각이 든다.

그러다 밤이 되면 "오늘 아무것도 한 게 없네."라는 말을 혼자서 되뇌며, 내일도 그렇게 될까 살짝 조바심이 나기도 한다. 그렇게 공허함이 점점 커지면서 TV를 더 많이 보든지, 아니면 바쁘게 살 수 있도록 뭐라도 해야겠다는 생각을 한다.

이제 종형 곡선의 정점에 도달하면 행복에 더 이상의 진전은 없다. 그다지 달라질 것도 없이, 하는 일 없이 보내는 하루하루가 점점 우려스럽다. 어디에서도 생산성과 만족감을 느끼지 못한다.

다음은 감정의 롤러코스터를 타고 오른쪽으로 미끄러진다. 실제 롤러코스터는 재미라도 있지만, 감정의 롤러코스터는 그저 끔찍할 뿐이다. 행복도가 점점 떨어지면서 할 일이 없어 무기력에 빠진다. 그러다 배우자의 속을 긁기도 한다.

결국 "그래, 내가 봐도 이건 좀 아니야."라며 인정한다. 그리고 행복이 원래 시작되던 지점에서 다시 행복을 느낀다. 이를 통해 우리가 원치 않는 행복의 주기가 완성된다.

우리의 목표는 이 종형 곡선을 행복감이 지속적으로 증가하는 우상향 대각선으로 바꾸는 것이다. 그러려면 조기 은퇴의 이유부터 명확하게 이해하는 것이 중요하다. 사람들은 대부분 만족하지 못하기에 여기에서는 '일을 그만두는 것'이 전부가 아님을 명심하기 바란다.

무엇을 위해 일찍 은퇴하려는가?

이제부터는 '무엇으로부터'가 아니라 '무엇을 위해' 은퇴하는가를 분명히 알아야 한다. 설령 지금까지 이 책에서 얻은 게 없더라도 이것 하나만은 기억하기 바란다.

우리는 무엇을 싫어하는지 잘 안다. 바로 일이다. 구체적으로 남 좋은 일만 하고, 동이 트기도 전에 일어나는 것도 싫다. 주말 출장과 철야 근무는 더 말할 가치도 없다. 이처럼 우리가 무엇을 싫어하는지는 누구나 쉽게 알 수 있다.

하지만 그보다 어려운 것이 있다. 바로 무엇을 원하는지를 이해하는 것이다. 정규직에서 벗어나는 순간부터 하루 24시간이 자유로워진다. 상상만으로도 얼마나 환상적인가? 그런데 취미나 할 일이 전혀 없으면 자신뿐 아니라 배우자까지 미치게 만들 수 있다.

나는 늘 바쁘다. 글쓰기도 좋아하고, 재정적 자유를 주제로 한 소셜 미디어 활동이나 강의도 좋아한다. 모두 내가 좋아하는 일들이기에 나는 늘 열심히 한다. 따라서 나는 지루할 틈이 전혀 없다. 하지만 은퇴하고 할 일이 없다면 바로 직장으로 돌아가야 할 날만 앞당길 뿐이다.

그러므로 조기 은퇴를 결정하기 전에 당신이 생각하는 삶의 목적이 무엇인지 이해해야 한다. 무엇이 당신을 움직이게 하는가? 직업도 없는데 왜 아침에 일어나야 하는가? 하루를 마무리할 때는 무엇으로 성취감과 생산성을 느낄 것인가?

위에서 언급한 것들을 이해하는 데는 다소 시간이 걸린다. 그렇기에 당장 대답하지 못한다고 걱정할 필요는 없다. 괜찮다. 그러나 조기 은퇴를 꿈꾸고 있다면 이상의 질문을 고려한 뒤, 답을 찾기를 권한다. 어디서부터 시작해야 할지 모르겠다면 다음에 제시한 아이디어와 함께 시작해 보자.

가치관 성찰하기

"당신의 열정을 따르라."라는 말이 필요한 대목이다. 당신이 인생에서 무엇을 가장 중요하게 여기는지부터 시작하자. 당신의 신념과 열정, 기쁨을 가져다주는 것들을 살펴보자. 조기 은퇴의 목적은 당신에게 가장 중요한 것과 연관될 때가 많다.

강점 이해하기

당신이 무엇을 잘하고, 어떤 역량을 지니고 있는지 생각하자. 이들 강점을 활용하여 세상에 긍정적으로 기여하는 것이 당신의 목적일 수도 있으니 말이다. 지역사회에 헌신하고 세상의 올바른 변화를 위해 조기 은퇴를 활용하자.

관심사 탐구하기

당신은 밤이나 주말 등 시간에 여유가 있을 때 무엇을 즐기는지 생각해 보자. 당신에게 가장 큰 성취감을 가져다주는 취미는 무엇인가? 당장은 조기 은퇴의 진정한 목적이 눈앞에 있음에도 이를 깨닫지 못하는 상태일 수도 있다.

도전하기

새로운 것에 도전하고 다양한 기회를 탐색하며, 긍정적인 자세로 임하자. 시행착오나 뜻밖의 경험에서 당신만의 목적을 찾을지도 모른다. 새로운 일을 경험할 때 진정한 목적이 드러날 수도 있으니 말이다.

그러나 목적은 바뀔 수도 있다. 실제로도 그런 경우가 있으니 너무 세부적인 것까지 알 필요는 없다. 확실치 않아도 괜찮다. 그렇기에 실험이 더 흥미롭게 다가오는 것이다.

취미도 없고 정규직으로 일하는 것 외에 할 일이 아무것도 없다면, 그 사람은 조기 은퇴와 거리가 멀다. 그럴더라도 재정적 자립은 여전히 별개의 목표로 남는다. 재정적으로 자유로워지면 상사가 마음에 들지 않을 때 다음 날 당장 그만둘 수 있는 것과 같은 선택권이 주어진다. 또는 할 일만 있다면 언제든 지구 반대편에 있는 열대의 섬으로 이사하여 살 수도 있다. 따라서 조기 은퇴의 비중은 그리 크지 않더라도, 재정적 자립은 여전히 중요한 목표이다.

제16장

부의 전략을 생활화하라

　축하한다. 이제 이 책의 내용을 거의 다 소화했다. 그러나 아직 완전히 끝난 것은 아니다. 지금부터는 신용카드 사용 팁, 인생 최악의 조언, 배우자와 돈 얘기하는 요령이라는 세 가지 주제를 추가적으로 소개하고자 한다.

　절대로 이 장을 건너뛰지 않기를 바란다. 해당 주제를 별도로 편성한 데에는 그만한 이유가 있기 때문이다. 그리고 이어질 내용을 통해 이 책에서 배운 내용을 전체적으로 정리하는 데에도 도움이 될 것이다.

돈을 현명하게 다스려라

사회적으로 신용카드를 바라보는 시선은 썩 좋지 않다. 물론 그만한 이유도 있다. 2022년을 기준으로 미국의 총부채는 무려 1조 달러에 육박한다.

1조 달러라면 0이 몇 개나 붙어야 하나? 1,000,000,000,000! 무려 12개이다. 헤아리다가 헷갈릴 정도로 많다. 재정적 부담이 그 정도로 크다는 것은 사람들이 사용이 간편한 플라스틱 조각을 지갑에 넣고 다닌다는 사실을 방증한다.

하지만 신용카드에는 우리가 자주 잊어버리는 또 다른 모습이 있다. 신용카드가 훌륭한 지출 방법의 하나임을 보여 주는 이유는 바로 신용카드를 책임 있게 사용할 때 얻는 장점 때문이다. 여기에서 중요한 것은 '책임 있게'이다.

신용카드를 사용하면서 부채가 계속 늘어나는 구조라면 더는 신용카드를 사용해서는 안 된다. 오히려 신용카드가 부자의 길을 가로막는 걸림돌이 될 뿐이다. 하지만 그 반대의 경우라면 신용카드는 우리에게 놀라운 혜택을 가져다준다.

신용카드 이면의 이점

보상 프로그램

구매 시 포인트나 캐시백을 제공하는 등의 보상 프로그램이 있는 신용카드가 많다. 이 프로그램과 연계된 여행이나 상품, 상품권, 청구할인 등 다양한 혜택을 누릴 수 있다. 실제로 아마존에서는 웹사이트 결제 시 여러 신용카드의 포인트를 직접 사용할 수 있다.

편의성

대부분의 소매점에서도 신용카드를 취급하며, 이는 온라인 구매에서도 마찬가지이다. 따라서 신용카드는 현금보다 훨씬 편리한 결제 방식이다. 게다가 결제 과정도 훨씬 안전하며, 이 부분은 다음 '사기 예방' 항목에서 다시 언급하겠다.

신용도 관리

신용카드를 책임 있게 사용하면 신용점수를 높인다. 이는 향후 대출을 받거나 신용도를 높일 때 유리하게 작용한다. 또한 공공기관 관련 보증금을 낮추거나 주택을 임차할 때도 유용하다.

사기 예방

신용카드의 사기 예방 기능은 직불카드나 현금보다 우월하다. 도난 또는 무단 사용 시 그 사실을 신용카드 발급회사에 통보하면 청구액에 대한 책임이 면제된다. 그러나 신용카드와 달리 현금을 도난당했을 때는 할 수 있는 일이 거의 없다.

구매 보호

일부 신용카드는 구매 보호 및 구매 물품에 대한 보증도 제공한다. 이에 구매 후 일정 기간 이내에 분실, 도난, 손상된 경우에는 그 물품 대금을 변상한다. 따라서 대형 매장에서 제공하는 보증 연장도 굳이 필요하지 않다.

여행 혜택

일부 신용카드는 여행자 보험, 수하물 무료 위탁, 공항 라운지 이용 등 각종 여행 혜택을 제공함으로써 더 알뜰하고 안락한 여행을 즐기도록 한다. 나도 신용카드 라운지 서비스 덕분에 장거리 여행을 조금 더 편하게 할 수 있었다.

이상으로 신용카드 혜택은 카드의 종류 및 사용 방식에 따라 달라진다는 점을 유념해야 한다. 카드를 신청하기 전부터 약관을 충분히 읽고, 고금리 부채가 발생하지 않도록 책임 있게 사용해야 한다.

각종 사기에서 소중한 돈을 지켜라

사기 예방과 관련하여 범죄자가 신용카드 정보를 훔치는 여러 방식을 잠깐 소개하겠다. 일부 해킹 방식은 정말이지 창의적이기까지 하다.

신용카드 사기는 피싱과 스키밍을 비롯하여 웹사이트 보안체계의 허점을 악용하는 등 다양한 방식으로 피해자의 신용카드에 무단으로 접속하는 데에서 비롯된다. 해커들이 사용하는 보편적인 방식은 다음과 같다.

피싱(Phishing)

해커는 은행이나 신용카드 회사 등에서 합법적으로 보낸 것처럼 꾸며낸 사기성 이메일이나 문자메시지, 전화 등을 발신한다. 그중 메시지에는 실제 웹사이트와 흡사한 위조 웹사이트에 접속하는 링크가 포함된 경우도 있다.

피해자가 위조 웹사이트에서 신용카드 상세정보를 입력하면 해커가 그 정보를 획득하여 사기 거래에 이용할 수 있다.

스키밍(Skimming)

해커는 현금자동입출금기(ATM)나 금전등록기 또는 POS 단말기에 스키머(skimmer)를 설치하여 신용카드의 자가 띠(Magnetic stripe)에 담긴 정보를 복사한다. 해커는 이 정보로 복제 카드를 만들어 무단 거래에 사용한다. 주유소에서 우리가 사용한 신용카드 중 하나에서 그와 같은 사건이 실제로 발생했다. 안타깝게도 스키밍은 성공률이 꽤 높은 편이다.

멀웨어(Malware)[39]

해커는 컴퓨터 사용자가 온라인 구매 시 신용카드 정보를 복사하는 멀웨어를 소형 소프트웨어 애플리케이션의 형태로 컴퓨터나 모바일 단말기에 감염시킨다. 멀웨어는 로그인 정보 외에도 다른 개인정보까지 도난당할 수 있어 특히 위험하다.

다수의 멀웨어는 이메일을 통해 전파된다는 특징이 있다. 따라서 이메일 내 첨부파일의 발신자가 불분명하거나, 예상했던 것이 아니라면 절대 열어서는 안 된다.

사회공학(Social Engineering)

언변이 뛰어난 해커의 경우 사회공학 전술을 이용하여 피해자를 속이고 신용카드 정보를 노출시킨다. 예컨대 자선단체나 각종 조직의 대표를 가장

39　악성 소프트웨어.

하여 기부를 권유하는 전화를 걸어올 수 있다.

따라서 신용카드 해킹을 피하려면 의심스러운 이메일이나 웹사이트를 피하고, 매달 지출 추적을 위해서라도 신용카드 명세서를 반드시 주기적으로 확인하며, 복잡한 비밀번호와 보안 소프트웨어를 장치에 적용하는 등 적절한 보안 조치로 항상 주의해야 한다.

또한 신용카드사나 은행에서 수상한 전화가 오면 주저하지 말고 전화를 끊은 다음 다시 신용카드사나 은행에 연락하자. 그러면 당신에게 전화한 적이 없다는 대답이 돌아올 것이다.

이 글을 쓰고 있던 최근에도, 아내가 사기 사건을 조사하는 중이라는 신용카드사 직원의 전화를 받은 적이 있었다. 개인정보를 알려달라는 요구에 아내는 일단 전화를 끊었고, 나는 곧바로 신용카드사로 전화를 걸었다. 물론 회사에서 우리에게 전화한 사람은 없었다. 그 뒤 우리는 그 카드를 즉시 해지하고 새 카드를 발급했다. 신용카드 해지는 아주 간단하다. 이 사례 역시 전화를 이용하여 개인정보를 빼내려는 사회공학 유형의 하나였다.

신용카드 현명하게 쓰기

이제 신용카드를 사용하는 것이 얼마나 효과적인지 이해했을 것이다. 신용카드는 현금이나 직불카드에 없는 여러 보호 수단과 혜택을 제공한다. 다만 신용카드의 다양한 장점을 효과적으로 누리기 위해서는 책임 있는 사용이 전제되어야 한다. 그렇다면 신용카드를 올바르게 사용하는 방법은 무엇인지 남은 지면을 통해 살펴보자.

형편에 맞게 사용하기

없는 돈까지 지출하는 게 아니라 형편에 맞게 신용카드를 사용해야 한다. 즉 감당하기 어렵다는 것을 알면서도 다음 달 또는 그다음 달에 갚을 수 있을 것이라는 생각에 큰 금액을 지출해서는 안 된다.

신용카드 부채는 대부분 위와 같은 방식으로 생기며, 이에 따라 생긴 부채는 청산하기도 매우 어렵다. 혹시라도 신용카드 부채가 있다면 제10장의 부채 상환 기법을 참고하여 최대한 빨리 청산해야 한다.

혜택이 가장 큰 신용카드 사용하기

신용카드를 가장 효과적으로 사용하려면 혜택이 가장 큰 카드를 선택해야 한다. 연말에 캐시백 제공, 항공권 또는 호텔 숙박, 차량 대여 등에 사용할 수 있는 여행 관련 포인트를 제공하는 카드도 있다.

다만 카드사에서 제공하는 보너스 혜택에도 유의해야 한다. 일정 기간에 신용카드로 일정 금액 이상을 지출하면 상당액의 추가 포인트를 지급하는 경우가 있다. 예컨대 신용카드를 발급한 후 첫 3개월 동안 4,000달러를 지출하면 60,000점의 보너스 포인트를 지급하는 식이다.

60,000포인트? 대박이다. 하지만 조심해야 한다. 포인트를 얻을 목적으로 더 많은 돈을 지출해서는 안 된다. 이는 앞뒤가 맞지 않는 계산이다. 그 대신 평소에 지출하는 만큼 신용카드를 사용하면서 초기 포인트 혜택을 제공하는 카드를 사용하자. 계산대에서 사용하는 카드만 달라질 뿐, 결국 지출하는 금액은 동일하다.

한 가지 팁이 있다면 바로 신용카드 해킹(credit card hacking)이다. 신용카드 해킹은 일부 사용자가 신용카드의 혜택과 캐시백 보상, 보너스 포인트 등을 최대한 이용하기 위해 이용하는 기법을 말한다. 즉 하나의 신용카드로 최대한 많은 포인트를 적립한 다음, 다른 카드로 동일한 과정을 반복하는 방식으로 포인트를 최대한 많이 적립하는 방식이다. 그렇게 10~15개 정도의 신용카드를 보유하는 사람들도 있다.

아내나 나나 전문적인 신용카드 해커는 아니지만, 신용카드 해킹은 우리가 직장을 그만두고 여행을 떠나기 몇 년 전부터 해 오던 것이었다. 우리는 보너스 포인트가 가장 많은 신용카드를 발급받고, 이후 몇 달 동안 최소 지출 요건을 충족하면서 여행에 사용할 포인트를 모았다. 그 덕분에 항공편과 렌트카, 호텔 숙박 등에서 수백 달러를 절감했다.

다만 신용카드 해킹은 주도면밀한 관심이 필요할 뿐 아니라 신용카드 청구서를 매번 상세하게 파악해야 하는 고난도 기법이다. 신용카드 부채와 씨름하고 있다거나, 과다지출을 통제할 자신이 없는 사람은 책임 있는 신용지출에 익숙해질 때까지 한두 개의 신용카드만을 사용하는 것이 안전하다.

신용카드 대금 매달 완납하기

이는 타협의 여지가 없는 문제이다. 월말마다 신용카드 대금을 결제할 수 없다면, 이는 지출이 너무 많다는 뜻이다. 매달 신용카드 대금을 완납하는 것이야말로 책임 있는 카드 사용의 출발점이다. 현금으로 감당하기 어려울 정도라면 신용카드를 사용해서는 안 된다. 신용카드 대금은 달마다 예외 없이 완납해야 한다.

차질없이 납부할 수 있도록 당좌예금에 신용카드로 자동이체를 신청하자. 자동이체는 신용카드 회사의 웹사이트에 로그인하여 신청할 수 있다. 이렇게 하면 매달 청구 대금이 자동으로 납부된다. 다만 은행 계좌에서 초과인출이 발생하지 않도록 항상 잔액을 확인해야 한다. 초과인출이 발생한다는 것은 계좌 잔고보다 많은 돈이 빠져나간다는 의미이기 때문이다.

예를 들어 신용카드 대금이 1,500달러인데 은행 계좌에는 1,300달러뿐이라면, 계좌에서 대금을 납부할 때 200달러의 초과인출이 발생한다. 은행에서는 초과인출이 발생할 때마다 보통 30~35달러 정도의 수수료를 부과한다. 한편 일부 은행에서는 초과인출 수수료가 발생하기 전에 계좌 잔액을 관리할 수 있는 기간을 제한적으로나마 제공하기도 한다.

열정에 당신을 태우지 말라

"열정을 따르라!"

내가 평생 들어온 말이다. 아마 당신도 들은 적이 있을 것이다. 하지만 이 말은 돈을 버는 데 최악의 조언이다. 하지만 좋은 말처럼 들리지 않는가? 생계를 유지하려고 하는 일이라도 당신이 좋아하는 일이라면 더 바람직할 테니 말이다.

그렇다면 이 조언에 어떤 문제가 있는 것일까? 바로 그 말은 많은 이들에게 비현실적이며, 이를 따르다가는 자칫 평생에 걸쳐 벌어들일 소득 잠재력마저 훼손할 수 있기 때문이다.

좋아하는 것으로 돈을 버는 사람은 생각보다 많지 않다. 이는 우리의 강점과는 다른 문제이다. 우리가 좋아하는 것은 대체로 더 창의적이고 고차원적인 반면, 우리의 강점은 현실적이고 분석적이다. 예외가 있기는 하지만,

고용주의 관점에서는 일반적으로 창의적이기보다는 분석적인 업무에 더 많은 급여를 지급하려 한다. 그런데 다음에서 보듯이 "열정을 따르라!"라는 조언의 문제는 여기에서 그치지 않는다.

취향은 생각보다 변덕스럽다

10대 후반에 좋아하던 것을 바탕으로 선택한 진로를 따라가다 보면 나중에는 변화를 꾀하는 자신의 모습을 발견하기 마련이다. 이는 대부분 좋아하는 것이 변하기 때문이다. 살아가면서 겪는 다양한 경험이 우리의 취향을 수시로 변화시킨다. 그래서 즐거웠던 일이 시간이 지나면 그렇지 않을 수도 있다. 마찬가지로 열여덟 살과 서른 살에 좋아하는 것은 서로 다르다. 하지만 취향이 변했다고 직업까지 바꾸기란 쉽지 않다.

이제 고등학교 시절을 돌아보자. 무엇을 하면 즐거웠는가? 하지만 지금은 같은 일을 해도 전혀 즐겁지 않다. 세상을 살아가면서 좋아하는 것도 새롭게 바뀌어 갔고, 지금의 우리는 여가가 날 때마다 새로운 일을 즐기며 살아간다. 하지만 지금 좋아하는 것마저 10년 뒤라면 또 바뀔 것이다.

예를 들어 지금의 나는 글쓰기를 좋아한다. 그렇기에 이 책이 탄생했지만, 사실 어릴 적에는 글쓰기를 전혀 좋아하지 않았다. 지루하고 재미없는 일이라고 생각했을 뿐이다. 하지만 세상살이를 경험하면서 글의 형식으로 세상에 전할 수 있는 지혜가 얼마나 많은지 깨달았다.

취미와 직업은 같을 수 없다

먼저 싫어하는 일을 해서는 안 된다는 말부터 분명히 하고 싶다. 이는 당신의 삶과 커리어 모두에 도움이 되지 않는다.

하지만 현실 또한 직시해야 한다. 일이 항상 재미있을 수는 없는 법이니 말이다. 그리고 일이 재미있으리라고 기대해서도 안 된다. 재미있던 일이 스트레스를 주고 어려워지면 결국 실망할 수밖에 없기 때문이다.

특히 열정적으로 좋아하던 일을 할 때가 더더욱 그렇다. 그때만큼은 열정적으로 임하던 일에 스트레스를 받으리라고는 생각지도 못했기 때문이다. 열정적인 일이란 돈을 벌기 위해 상사나 고객의 비위를 맞출 필요 없이 여가에 할 수 있는 활동이어야 한다.

예컨대 당신이 미술을 좋아한다고 생각해 보자. 나는 간단한 선으로도 사람조차 제대로 그리지 못하지만, 당신은 펜이나 붓으로 화가 뺨치는 그림을 그려 낸다. 그렇게 그림 그리기를 좋아하는 당신은 그래픽 디자인 분야에 취업하기로 결정한다. 미술을 향한 열정이 큰 만큼 일이 쉽고 스트레스도 덜하리라고 생각해서였다.

과연 문제가 없지 않았을까? 아무리 좋아하는 그래픽 디자인 분야라 하더라도 '직업'이라는 특수성을 피할 수는 없다. 직장에는 도저히 맞추기 어려운 마감일, 고약한 성격의 상사들, 무급 초과근무, 끊임없이 배우자 험담을 늘어놓는 동료들, 무엇을 원하는지도 모르면서 마음에 안 드는 부분에만 컴플레인을 쏟아 내는 신경질적인 고객들이 있다.

그렇게 퇴근하고 집에 돌아오면 그림 그리기가 싫어진다. 집에 있는 시간만큼은 하루 내내 쌓인 스트레스를 풀고, 다른 생각을 하며 보내고 싶어 한다. 그러다가 사무실로 돌아가서 이제는 직업이 되어 버린, 과거에 열정적으로 좋아하던 일을 사무실에서 계속한다.

이제부터 위의 문제를 본격적으로 다루고자 한다. 열정적으로 좋아하던 일이 직업이 되면 못마땅한 부분들로 원래의 열정마저 무너질 수 있다. 업적평가, 긴 회의 시간은 물론, 칸막이가 있는 책상에 불편하게 앉아 지내는 것을 좋아하는 사람이 있을까? 또한 많은 이들이 원치 않는 직업도 많다. 따라서 우리가 싫어하는 직업을 좋아하는 일과 연관시키는 것을 반길 사람은 없다.

나는 늘 사진에 관심이 많았다. 고등학교 시절에는 카메라 가게에서 일한 적이 있었다. 또한 부모님의 지하실에 나만의 암실을 차려놓고 필름을 현상하여 8×10 사이즈로 사진을 인화하기도 했다. 참 행복한 시간이었지만, 이후 사진을 직업으로 삼지 않겠다고 결정한 덕에 지금까지도 사진 촬영을 즐기며 산다. 그리고 직업으로는 사진보다 훨씬 많은 급여와 훨씬 다양한 기회를 제공하는 소프트웨어 엔지니어 분야로 진출했다.

좋아하는 일이 강점이 되지는 않는다

고용주는 우리에게 직원으로서 해야 할 일을 제대로 수행하는 것을 대가로 월급을 준다. 수학을 잘하는 사람은 회계사가 될 수 있다. 글을 잘 쓰는 사람은 기술 매뉴얼을 작성하거나 출판사의 원고 편집을 담당할 수도 있다. 하지만 보통 이보다 훨씬 창의적인 활동과 관련되는 우리의 열정은 이런 직업들과 성격이 다르지 않은가?

반면 열정적으로 좋아하는 일임에도 일처리가 그리 능숙하지 못한 사람도 있다. 그래서 좋아하기도 한다. 굳이 능숙해질 필요도 없으니 그냥 즐기기만 하면 된다.

예컨대 나보다 훨씬 뛰어난 사진사도 많다. 그 사람은 나보다 좋은 사진 편집 프로그램도, 장비도 많다. 하지만 그게 다 무슨 상관인가? 나는 사진을 즐기면 그만일 뿐 최고의 사진사가 될 필요는 없다. 그렇기에 이 일이 더 즐거워진다. 또한 고객이나 잡지사 편집자에게 깊은 인상을 남겨야 하는 것도 아니니 나만 즐거우면 그만이다.

우리의 열정은 강점만큼 돈을 벌게 해 주지는 않는다. 강점은 타고난 재능이며, 조금 더 분석적인 편이다. 수학, 과학, 문제 해결, 마케팅, 비즈니스 등의 분야는 모두 시장에서 필요한 것이다. 고용주라면 대부분 그러한 역량을 지닌 사람을 찾는다. 그리고 그 역량은 평균적으로 가장 오래 일하면서 급여도 높은 직종으로의 취업으로 이어진다.

당신의 강점에 주목하라

우리는 대부분 어릴 적부터 진로를 탐색하기 시작한다. 대학에 진학하여 학위를 취득하고, 취업하여 돈을 벌 준비를 한다. 그런데 자신이 무엇에 열정이 있는지조차 모른다면 어떨까?

위의 사례는 생각보다 흔한 일이다. 특히 어린 나이에는 무엇을 좋아하는지 선명하게 드러나지 않는 경우가 다반사이다. 따라서 "열정을 따르라!"라는 조언은 적절치 않다. 그렇다면 어떻게 해야 할까?

그럴 때 나는 사람들에게 각자의 '강점'을 따르라고 조언한다. 강점이란 특별히 노력하지 않더라도 원래부터 잘하던 것을 말한다. 높은 과학 성적을 받으려고 내내 엉덩이가 짓무르도록 공부했음에도 나보다 성적이 높은 재수 없는 친구가 기억나는가? 심지어 그 친구는 공부하는 모습을 전혀 보인 적이 없는데도 말이다. 그것 또한 강점이다.

물론 강점도 시간이 지나면 바뀔 가능성도 있고, 실제로 바뀌기도 한다. 하지만 우리가 좋아하는 것처럼 손바닥 뒤집듯 뒤바뀌지는 않는다.

나는 컴퓨터를 잘 다룬다. 웹사이트를 구축하고 컴퓨터 프로그램을 만드는 일이 내게는 자연스러운 일이라서 이러한 강점을 따라 직업을 선택했다. 분명히 말하지만, 컴퓨터가 내게 열정의 대상은 아니다. 아침에 일어나자마자 컴퓨터를 만질 생각부터 하지도 않는다. 본능적으로 컴퓨터를 좋아하는 게 아니라는 말이다.

하지만 나는 강점을 따르겠다는 결심 아래 고소득 직종으로 들어섰다. 이후 빠르게 재산을 늘려 갔다. 그 덕에 좋아하는 것으로 돈을 벌어야 한다는 부담 없이 여유롭게 열정을 추구할 수 있게 되었다.

자신의 강점을 잘 활용하면 일반적으로 생계유지도 더 수월해진다. 예컨대 세상에는 타고난 마케터는 물론, 복잡한 수학 알고리즘을 능숙하게 작성하는 사람도 있다. 전 세계의 고용주는 이런 강점을 지닌 사람을 찾고 있으며, 이처럼 숙련된 노동력인 당신에게 높은 급여를 지급할 준비도 되어 있다.

인적자원 관리에 열정과 흥미가 많은 사람은 얼마나 될까? 산더미 같은 서류를 정리하고, 직원들의 요구를 해결하며 사소한 불평까지 처리하는 일을 누가 좋아할까? 당신이 다니는 회사의 인사부장은 그런 일들을 능숙하게 처리하기에 많은 급여를 받는다.

사무실에서 당신의 강점을 살린다는 것은 좋아하는 일을 집에서 느긋하게 즐길 수 있다는 뜻이다. 이는 곧 그러한 일을 고정적인 수입원으로 만들어야 한다는 부담감으로 괴로워하지 않아도 된다는 뜻이다. 이러한 사실은 열정으로 반드시 돈을 벌 필요는 없음을 시사한다. 우리가 열정을 추구하는 이유는 그저 좋아하는 것이기 때문이다.

또 하나 잊지 말아야 할 것이 있다. 우리는 대부분 스스로 잘하는 것을 어릴 적부터 잘 알고 있다. 수학이나 과학 또는 언어나 역사에 재능을 보이는 아이들도 있으니 말이다. 학교에서는 학생마다 타고난 분야를 쉽게 가려낼 수 있다. 이에 열정보다는 강점을 추구하여 진로를 선택하면 오랫동안 고소득 직종에서 일할 가능성도 커진다.

'돈에 대한 논의'는 필수다

돈과 관련된 불화는 불륜 다음으로 흔한 이혼 사유이다. 뒤탈이 두려워 '돈 얘기'를 쉽게 꺼내지 못하는 부부들이 많다. 그러나 이는 잘못된 것이다.

아내와 나는 경제적 자립을 이루기 전까지 거의 매일 돈 얘기를 했다. 저녁 식사가 끝나면 강아지 두 마리를 데리고 동네를 산책하며, 미래에 대한 얘기를 나누곤 했다. 에어스트림 RV를 타고 전국을 여행하는 로망을 이루기 위해 얼마의 돈이 필요한지 등 돈에 관한 전반적인 것을 모두 이야기했다.

그러한 과정을 통해 나는 위험 허용도가 높은 사람인 반면, 아내는 위험을 꺼리는 성격임을 알게 되었다. 나는 당장이라도 은퇴하기를 바랐지만, 아내는 나보다 현실적인 사람이었다.

위와 같이 타인의 위험 허용도를 파악하면 실질적인 미래의 기대치를 설정하는 데 도움이 된다. 아내는 내가 언제든 일을 그만둘 준비가 되어 있음을 이해했다. 나 또한 아내가 충분한 돈을 모을 때까지 조금 더 일하고 싶어 한다는 것을 알게 되었다.

실제로 아내에게 다음과 같은 말을 했던 듯하다. "여보, 은퇴해도 될 정도로 충분한 돈이 모였다고 생각되면 나한테 알려 줘. 그러면 그날 나도 퇴직

통보(two week's notice)[40]를 할게." 우리는 이렇게 대화를 나누며 은퇴 이후의 삶을 설계했다. 나와 아내는 서로의 꿈이 어떤 모습일지 알고 있었기에 그 꿈을 좇아 일하면서 인생의 방향을 유지할 수 있었다.

물론 말처럼 쉽지 않은 사람도 있을 것이다. 돈에 관한 결정에는 감정이 개입되기 쉬우므로 당신의 감정을 배우자와 논의하는 것 자체를 꺼릴 수도 있겠다. 따라서 여기에서는 돈과 관련하여 배우자와 대화하는 열 가지 요령을 소개한다.

대화 시간을 정하자

갑작스럽게 "여보, 여기에 쓴 돈 때문에 그러는데 잠깐 얘기 좀 해."라면서 배우자를 놀라게 하지 말고, 먼저 대화 시간을 특정해야 한다. 그래야 대화가 산만해지지 않으면서 방해 요소도 피할 수 있다. 대화 시간은 두 사람 모두에게 조용하고 편안한 때를 택하자. 스트레스를 받거나 우울한 시간은 피해야 한다. 집에서 조용한 대화가 어렵다면 외식하러 나가는 것도 좋다.

거짓 없이 솔직하게 말하자

돈에 관해 이야기할 때는 한 치의 거짓도 없이 솔직해야 한다. 당신의 재정 목표와 두려움, 그리고 어려움 등을 모두 배우자와 공유하자. 당신의 수입과 지출 및 부채에 대해서도 상의하면서 현재의 재정 상황과 달성하려는 목표도 분명하게 말해야 한다. 그리고 말을 할 때는 반드시 예의를 갖추고, 배우자의 말을 경청해야 한다.

---

40 미국에서는 통상적으로 2주 전에 사직 의사를 밝히는 데서 유래된 표현이다.

배우자의 말을 경청하자

경청은 원활한 의사소통의 필수 요소이다. 의사소통은 쌍방적이라는 사실을 명심하자. 함부로 끼어들거나 판단하지 말고 돈에 관한 배우자의 생각과 우려에 귀를 기울이자. 또한 배우자의 생각과 희망, 꿈을 함께 나눌 수 있도록 격려하자.

배우자의 관점에 동의할 수 없더라도 인정하자. 돈에 대해 사람마다 생각이 다를 수 있으며, 이는 아주 흔한 일이다. 따라서 서로의 차이를 인정하고 슬기롭게 헤쳐 나갈 방법을 연구하는 것이 중요하다.

비난하거나 소리 지르지 말자

재정 문제로 배우자를 비난하거나 책임을 묻는다면 대화는 금방 얼어붙고 만다. 반대와 지적 대신 함께 해결책을 찾는 데 집중해야 한다. 또한 섣부른 가정이나 성급한 결정을 경계하면서 책임 있는 행동과 협력을 통해 해결책을 모색하자. 배우자를 탓한다고 해결되는 것은 없다.

공동의 목표를 설정하자

재정 목표를 실현하려면 머릿속에 떠도는 목표를 대화의 주제로 올려야 한다. 재정 목표를 함께 의논하고 부채 상환, 은퇴에 대비한 저축, 주택 구입, 조기 은퇴 등 장단기 목표를 수립하자. 그리고 재정 목표를 반영하여 예산을 세우고 실천하도록 하자.

재정적 책임을 분담하자

재정적 책임을 한 사람이 짊어져서는 안 된다. 당신의 강점과 관심사를 바탕으로 책임을 나누어야 한다. 예를 들어 부부 중 한 사람은 청구서 관리, 다른 사람은 투자에 일가견이 있을 수 있다. 청구서 처리, 투자 관리, 비상금 적립 등 누가 어떤 책임을 맡을지를 분명히 하자. 또한 금융 자동화를 통해 청구서 지불과 저축, 투자 등을 쉽고 간단하게 처리할 수 있다는 점도 잊지 말자.

열린 마음으로 타협하자

돈 문제에서는 타협이 필수이다. 마음을 터놓고 타협하면서 해결책을 찾기 위해 함께 노력하자. 서로가 지닌 꿈의 간극이 크다면 서로가 공유하는 미래의 꿈을 만들어 나갈 수 있도록 각자의 바람을 조정하고, 이를 달성할 방법을 모색하자.

전문가의 도움을 구하자

당신과 배우자가 재정적 판단을 할 수 없을 때는 유자격 상담사나 재무설계사 등의 도움을 받는 것이 좋다. 재정을 관리하고 목표를 달성할 계획을 수립하는 데 전문가의 도움을 받을 수 있다. 또한 전문가는 편견 없는 조언과 지원도 받을 수 있기에 좋은 선택이라 할 수 있다.

인내하며 버티자

돈에 관한 대화는 곧 끊임없이 지속하는 과정에 해당한다. 따라서 건강하고 열린 소통을 위해서는 시간과 인내, 끈기가 필요하다. 재정적으로 더 나은 미래를 향한 협력이 공동의 목표임을 잊지 말자. 단 한 번의 대화로 돈에 관한 배우자의 모든 것을 파악할 수는 없다. 그러니 시간이 지남에 따라 대화를 늘리면서 서로의 접점을 찾아 나가야 한다.

승리를 자축하자

마지막으로 당신의 승리를 자축하자. 재정 목표를 달성했거나, 비용이 조금 들었더라도 그 목표를 향해 진전을 이루었다면 그 성과를 함께 축하하자. 서로의 노력과 성취를 인정하고, 성공을 축하함으로써 서로의 관계를 더욱 돈독하게 할 수 있다. 이를 통하여 부부 공동의 재정 목표를 향한 노력을 한층 북돋울 수 있다.

닫는 글

시작이 있어야 결과도 있다

이제 나의 이야기는 끝이 났다. 부푼 마음으로 이 글을 쓴 만큼 독자인 당신도 이 책을 즐겁게 읽었기를 바란다. 책의 내용을 따라가다 보면 상상 이상의 부유함과 성공을 이루는 데 도움을 줄 것이다. 실제로 그렇게 부유해지는 사람들을 나는 수도 없이 보아 왔다.

변화를 열린 마음으로 받아들이며 새로운 일이라도 일단 시도하는 것 또한 중요하다. 그러니 변명으로 일관하며 시도조차 하지 않을 생각은 멈추고, 돈에 대해 진지하게 접근하면서 이 책에 제시된 습관을 시도할 동기를 찾아보자. 가족뿐 아니라 당신의 미래를 위해서 말이다.

이 기회를 빌려 지난 시간 동안 아내와 내가 배운 것을 잠시 얘기하고자 한다. 변화는 정말로 어렵다. 생활은 물론 돈을 쓰는 방식을 송두리째 바꾸기란 결코 쉬운 일은 아니다. 그때의 여정 가운데에서도 가장 어려운 부분은 바로 시작이었다. 그러나 일단 시작하고 나면 이후의 과정은 훨씬 쉬워진다. 한 걸음을 떼면 그다음 한 발을 내디딜 수 있는 법이니 말이다.

나는 돈을 펑펑 쓰던 사람이 하룻밤 사이에 재정적 자립을 이룬 사람의 사례가 아니다. 목표를 이루기까지 많은 시간이 걸렸다. 따라서 부자가 되는 과정이 쉽다고 생각해서는 안 되겠지만, 시작이 무엇보다 중요하다는 사실을 명심하기 바란다. 일단 시작을 했다면, 그 이후는 내리막길을 걷듯 수월해질 것이다.

이상으로 나는 독자인 당신을 굳게 믿고 이 책을 썼다. 따라서 당신도 반드시 해낼 수 있으리라 확신한다. 그리고 당신 또한 그렇게 생각하리라 믿는다.